biscuits

Stylisme culinaire : Alison Attenbrough
Stylisme des accessoires : Joe Maer
Révision : Monique Richard
Correction : Ginette Patenaude
Infographie : Luisa da Silva

Catalogage avant publication de Bibliothèque et Archives Canada

Klivans, Elinor

Biscuits

(Tout un plat!)
Traduction de : Big Fat Cookies

1. Biscuits. I. Titre. II. Collections.

TX772.K5414 2006   641.8'654   C2006-941653-2

Pour en savoir davantage sur nos publications,
visitez notre site : **www.edhomme.com**
Autres sites à visiter : www.edjour.com
www.edtypo.com • www.edvlb.com
www.edhexagone.com • www.edutilis.com

09-06

L'ouvrage original a été publié
par Chronicle Books LLC
sous le titre Big Fat Cookies

Dépôt légal : 2006
Bibliothèque et Archives nationales du Québec

ISBN 10 : 2-7619-2176-3
ISBN 13 : 978-2-7619-2176-3

DISTRIBUTEURS EXCLUSIFS :

• Pour le Canada et les États-Unis :
MESSAGERIES ADP*
955, rue Amherst
Montréal, Québec H2L 3K4
Tél. : (514) 523-1182
Télécopieur : (450) 674-6237
* division du Groupe Sogides inc.
filiale du Groupe Livre Quebecor Media inc.

• Pour la France et les autres pays :
INTERFORUM
Immeuble Paryseine, 3, Allée de la Seine
94854 Ivry Cedex
Tél. : 01 49 59 11 89/91
Télécopieur : 01 49 59 11 33
Commandes :   Tél. : 02 38 32 71 00
                          Télécopieur : 02 38 32 71 28

• Pour la Suisse :
INTERFORUM SUISSE
Case postale 69 - 1701 Fribourg - Suisse
Tél. : (41-26) 460-80-60
Télécopieur : (41-26) 460-80-68
Internet : www.havas.ch
Email : office@havas.ch
DISTRIBUTION : OLF SA
Z.I. 3, Corminbœuf
Case postale 1061
CH-1701 FRIBOURG
Commandes :   Tél. : (41-26) 467-53-33
                          Télécopieur : (41-26) 467-54-66
                          Email : commande@ofl.ch

• Pour la Belgique et le Luxembourg :
INTERFORUM BENELUX
Boulevard de l'Europe 117
B-1301 Wavre
Tél. : (010) 42-03-20
Télécopieur : (010) 41-20-24
http://www.vups.be
Email : info@vups.be

Gouvernement du Québec – Programme de crédit d'impôt pour l'édition de livres – Gestion SODEC – www.sodec. gouv. qc. ca

L'Éditeur bénéficie du soutien de la Société de développement des entreprises culturelles du Québec pour son programme d'édition.

Le Conseil des Arts du Canada
The Canada Council for the Arts

Nous remercions le Conseil des Arts du Canada de l'aide accordée à notre programme de publication.

Nous reconnaissons l'aide financière du gouvernement du Canada par l'entremise du Programme d'aide au développement de l'industrie de l'édition (PADIÉ) pour nos activités d'édition.

tout un plat !

biscuits

Elinor Klivans

Traduit de l'américain par Isabelle Chagnon
Photos : Antonis Achilleos

LES ÉDITIONS DE
L'HOMME

Les biscuits géants ont toujours fait partie de notre paysage familial. Ils nous ont permis de célébrer les occasions heureuses avec encore plus de plaisir et de traverser les épreuves avec moins de difficulté. Un biscuit glacé à la mélasse à l'ancienne niché dans une boîte à lunch apportait un peu de réconfort lors du premier jour d'école. Les jours où il fallait se presser, nous pouvions attraper au passage une poignée de biscuits gloire du matin en sortant de la maison. Et je ne compte plus les boîtes de biscuits que j'ai envoyées à mes enfants lorsqu'ils étaient au collège. Je crois que le fait de préparer et d'envoyer ces gâteries contribuait autant à faire plaisir à mes enfants qu'à soulager la mélancolie que leur absence suscitait en moi. À l'époque où mon mari enseignait à notre fils à conduire, il rentrait se détendre en savourant sa gourmandise favorite, les biscuits géants au pain d'épice. Et lorsque notre fille a emménagé dans son premier appartement, nous avons préparé des biscuits double chocolat pour célébrer l'événement. Maintenant que ma mère, retraitée, a cessé de confectionner des biscuits, je lui fais régulièrement parvenir, ainsi qu'à mon père, des biscuits ronds à la vanille et au beurre ainsi que des oreilles d'éléphant aux amandes. Lorsque Peter, notre fils, a épousé Kate, tous les invités ont quitté la réception avec un petit sac rempli de sablés au

beurre en forme de cœur. Par la suite, le biscuit d'anniversaire aux flocons d'avoine est devenu de rigueur chaque fois que naissait un de nos petits-enfants.

Souligner des moments importants, apporter du réconfort ou répandre le bonheur, voilà d'ambitieuses entreprises qui nécessitent de très gros biscuits. Les recettes que vous trouverez dans le présent livre reflètent tout ce qui existe dans l'univers des biscuits, en version *géante*. Un bref chapitre intitulé «Commencer en douceur» offre des conseils de base en matière de préparation, de cuisson et de conservation. Suivent trois chapitres contenant diverses recettes, divisées en autant de catégories: les biscuits à consistance tendre, les biscuits à consistance croustillante et les biscuits fourrés. Vous trouverez au haut de chacune des recettes des renseignements utiles qui vous aideront à planifier à choisir celles qui conviennent le mieux à votre emploi du temps. Ainsi, au premier coup d'œil, vous pourrez voir le nombre de biscuits que produit la recette, le temps qu'il faut pour préparer chaque fournée ainsi que la température et le temps de cuisson approximatif. Qu'il s'agisse de Montagnes aux brisures de chocolat (p. 50), de Croustillants géants «s'more» (p. 64), de Pionniers à l'avoine (p. 77), d'Écorce au chocolat et aux éclats de menthe poivrée (p. 53), ou des «Whoopie pies» au citron (p. 92), vous n'aurez aucun mal à les confectionner pour vos boîtes à lunch, vos goûters d'après-midi, vos pique-niques ensoleillés et vos randonnées pédestres. Sans oublier qu'ils peuvent aussi servir à faire oublier les petites contrariétés quotidiennes et à rendre la vie beaucoup plus douce.

Quand j'ai annoncé à mon entourage que je préparais un livre sur les biscuits, tout le monde a eu exactement la même réaction. Les gens commençaient par sourire, puis ce sourire s'élargissait immanquablement pour se transformer en un grand éclat de rire. Si le simple fait de penser à un biscuit géant a cet effet, alors vous pouvez imaginer le plaisir que procurent leur confection et leur consommation. Je m'attendais à ce que l'écriture de ce livre soit une aventure agréable, et cela s'est confirmé. Mais quelque part entre les Biscuits débordants de pépites de chocolat (p. 22), et les Biscuits-brownies au fudge fourrés à la crème glacée (p. 110), j'ai compris à quel point la préparation des biscuits constituait en soi un plaisir, de même que les partager. Et les déguster, bien sûr, était le couronnement de tout le processus. Alors, j'ai souri moi aussi puis je me suis mise à rire tout en mordant dans l'un de mes délicieux biscuits.

La confection de biscuits est une opération agréable et entièrement dénuée de stress. Mélanger, cuire, conserver – tout cela est très facile. Vous trouverez dans cette page des idées et des conseils pratiques qui vous permettront de gagner du temps et qui, selon mon expérience, permettent invariablement d'obtenir d'excellents biscuits.

QUELQUES PRÉCISIONS SUR LES INGRÉDIENTS

Les ingrédients qui entrent dans la confection des biscuits sont des produits de base que l'on trouve aisément au supermarché, mais j'ai quelques préférences qui me permettent d'obtenir les meilleurs résultats. Par exemple, j'utilise de la farine tout usage non blanchie. Après tout, pourquoi employer une farine qui a été traitée pour la rendre plus blanche? La farine non blanchie possède une agréable couleur crème, en plus de donner de succulents biscuits. Pour bien mesurer la quantité de sel que vous mettez dans la préparation, utilisez du beurre non salé puis ajoutez la quantité de sel requise dans la recette. Les œufs de gros calibre donnent des résultats plus constants. Pour les arômes, utilisez de l'extrait de vanille pur, provenant de gousses de vanille, ainsi que de l'extrait d'amande pur contenant de l'huile d'amande amère. J'utilise

de la mélasse avec l'indication «non sulfurée» sur l'étiquette, car elle a un goût moins prononcé que la mélasse sulfurée.

Le zeste de citron, de lime ou d'orange est essentiellement la pelure du fruit, sans la partie blanche amère. Avant de gratter le fruit pour en retirer le zeste, lavez-le à l'eau chaude et essuyez-le. Il est utile de savoir qu'un citron de grosseur moyenne donne environ 3 c. à soupe de jus et 2 c. à café (2 c. à thé) de zeste.

En ce qui concerne le chocolat, il importe avant tout de choisir un produit qui a bon goût. Les ingrédients indiqués sur l'emballage du chocolat blanc devraient inclure du beurre de cacao, et ceux du chocolat noir de la pâte de cacao ou du chocolat: je suis très sérieuse quand j'insiste pour que le chocolat soit inclus dans la liste d'ingrédients, car les marques de piètre qualité, souvent, n'en contiennent pas.

Rangez vos épices dans des contenants hermétiques et vérifiez-en la fraîcheur en humant leur odeur et en les goûtant. Comme pour le chocolat, si une épice a bon goût, elle rehaussera immanquablement la saveur de vos biscuits.

Goûtez à vos noix avant de les incorporer à une recette pour vous assurer de leur fraîcheur. Pour les faire griller, étendez-en une seule couche sur une plaque à pâtisserie et mettez-les au four préchauffé à 160 °C (325 °F). Les noix et les pacanes prennent environ 8 min à rôtir, les amandes mondées, effilées ou en julienne, environ 12 min, jusqu'à ce qu'elles soient dorées, et les amandes mondées entières environ 15 min. Lorsque les noix sont rôties presque à point, elles dégagent un arôme agréable et appétissant. Les noix de cajou et de macadam sont habituellement vendues déjà rôties.

Pour faire griller de la noix de coco râpée, étendez-en une fine couche sur une plaque à pâtisserie que vous placerez dans le four préchauffé à 150 °C (300 °F) environ 10 min, ou jusqu'à ce qu'elle soit légèrement dorée. Remuez la noix de coco à une reprise au cours de la cuisson pour qu'elle rôtisse uniformément.

PLAQUES À PÂTISSERIE ET ACCESSOIRES DE CUISSON

Voici une bonne nouvelle : tous les biscuits dont il est question dans le présent livre sont cuits dans le même type d'ustensile, soit une plaque à pâtisserie mesurant environ 35 x 42,5 cm (14 x 17 po). Choisissez des plaques lourdes au fini lustré ; en effet, celles-ci ne risquent pas de se tordre sous l'effet de la chaleur. L'aluminium constitue un bon choix, car il a l'avantage d'avoir un fini lustré qui diffuse la chaleur et prévient une cuisson excessive du dessous des biscuits et, comme il absorbe la chaleur uniformément, les biscuits cuisent uniformément. Au lieu d'être bordées des quatre côtés, les plaques à cuisson conçues spécialement pour la confection des biscuits présentent soit un rebord vertical puis courbé à chaque extrémité, soit un seul rebord pour en faciliter la manipulation. De plus, les biscuits sont faciles à décoller de ce type de plaque. Les plaques dotées de rebords verticaux de 2,5 cm (1 po) de hauteur donnent de bons résultats, mais on ne peut habituellement y placer qu'un nombre limité de biscuits. Pour une plus grande efficacité, je recommande l'achat d'au moins deux, et de préférence trois plaques à pâtisserie. Je vous conseille aussi de tapisser vos plaques avec du papier sulfurisé ; de cette façon, le nettoyage sera plus facile, vos biscuits ne risqueront pas de coller et vous n'aurez pas besoin de graisser la plaque. Le papier sulfurisé se vend en rouleau dans les supermarchés.

Les batteurs électriques sur socle ont l'avantage de vous laisser les mains libres durant le mélange des ingrédients, mais un batteur à main conviendra très bien à la confection de toutes les recettes du présent livre. Dans bien des cas, les nouveaux modèles de batteurs électriques à main sont munis

de fouets constitués de minces tiges de métal plutôt que de quatre pales métalliques plates ; avec les fouets du premier type, la pâte à biscuits a beaucoup moins tendance à rester collée entre les tiges.

La préparation de biscuits requiert très peu d'équipement, mais une cuillère à crème glacée d'une capacité de 60 ml (¼ tasse) permet de travailler plus rapidement lorsque vous confectionnez des biscuits à la cuillère, que vous prélevez des portions de pâte pour les façonner en boulettes ou que vous voulez obtenir des biscuits de grosseur uniforme. Enfin, une règle de 30 cm (12 po) de longueur vous sera utile pour mesurer l'épaisseur des abaisses et le diamètre des biscuits.

COMMENT MÉLANGER LA PÂTE À BISCUITS

La plupart des recettes de pâte à biscuits proposent la même marche à suivre en ce qui a trait au mélange des ingrédients. Il faut premièrement battre le beurre avec le sucre jusqu'à obtention d'une consistance onctueuse, puis incorporer le chocolat fondu, s'il y a lieu, et ajouter les œufs et les aromatisants liquides. Pour finir, il faut ajouter la farine ou le mélange de farine et, selon le cas, les flocons d'avoine, les pépites de chocolat, les fruits – séchés ou non – ou les noix. Et le tour est joué.

Vous remarquerez sans doute que lorsque des œufs froids sont ajoutés à certaines préparations, la pâte acquiert une apparence caillée. Cela se produit en raison de la combinaison des œufs froids et du beurre à la température ambiante : le beurre se défait alors en petites granulations fermes. Mais lorsque vous ajoutez la farine, cette consistance caillée disparaît et la pâte retrouve sa texture onctueuse.

Les biscuits moelleux dont la texture s'apparente à celle d'un gâteau, tels que les Biscuits à la citrouille et aux pépites de caramel au beurre (p. 27), sont faits à partir d'une pâte particulièrement molle. La marche à suivre habituelle pour le mélange des ingrédients consiste à battre les œufs avec le sucre, à ajouter l'huile ou le beurre fondu ainsi que les autres ingrédients liquides, puis la farine ou le mélange de farine et, s'il y a lieu, les pépites de caramel ou de chocolat, les noix ou les fruits séchés. Deux autres méthodes peuvent être employées. Pour les Croustillants au beurre d'amande fourrés à la ganache au chocolat (p. 112), et les Rochers au chocolat, au caramel et aux pacanes (p. 40), un mélange chauffé de beurre et de sucre ou de sucre brun est combiné à des noix et des aromatisants. Dans le cas des Oreilles d'éléphant aux amandes (p. 80), des morceaux de beurre froid sont ajoutés au mélange de farine jusqu'à consistance friable, puis de la crème sure ou aigre est ajoutée pour former la pâte. Il existe d'autres techniques qui sont des variantes mineures de ces méthodes de base.

COMMENT FAÇONNER LES BISCUITS

Il existe plusieurs façons de donner à vos biscuits géants la forme voulue. L'une des plus courantes est la méthode à la cuillère. Il s'agit simplement de déposer sur une plaque à pâtisserie des portions de pâte prélevées avec une cuillère ordinaire (ou à crème glacée). On peut aussi rouler la pâte en boulettes entre les paumes des mains, pour ensuite les faire cuire telles quelles ou les aplatir quelque peu avant la cuisson. Il existe également une méthode très flexible consistant à couper à l'épaisseur désirée des bûches ou des pains de pâte refroidie au préalable. Certains types de pâtes peuvent simplement être façonnées en un grand cercle puis cuites, et d'autres peuvent être étalées sur toute la surface de la plaque à pâtisserie puis découpées en morceaux de grosseur irrégulière après la cuisson. On peut aussi façonner la pâte en un rectangle long et épais que l'on tranche une fois cuit. Pour obtenir des biscuits de formes et de dimensions précises, il faut abaisser la pâte au rouleau et la découper au moyen d'un emporte-pièce ou utiliser un couteau pour former des carrées ou des triangles.

COMMENT OBTENIR DE GROS BISCUITS

C'est la fermeté de la pâte qui détermine à quel point un biscuit gardera sa forme de départ sans trop s'étaler sur la plaque à pâtisserie. Bien des pâtes à biscuit ont une consistance onctueuse mais ferme qui leur permet de se déployer à la grosseur désirée lors de la cuisson, comme par exemple celle utilisée pour les fameux biscuits aux pépites de chocolat. La pâte à sablé, en revanche, est plus ferme et conserve après la cuisson la forme exacte qu'on lui a donnée au départ – à l'aide d'un emporte-pièce ou d'un couteau. Dans certains cas, l'utilisation d'ingrédients froids pour la préparation de la pâte ou le fait de réfrigérer celle-ci permet de réaliser des biscuits plus volumineux. Certains biscuits, comme les boules aux pépites de chocolat enrobées de chocolat, sont façonnés en boule une fois cuits. Les ajouts tels que les flocons d'avoine, les noix, les pépites de chocolat et les fruits séchés font obstacle à l'étalement de la pâte. Les biscuits à la cuillère de type gâteau sont réalisés à partir d'un mélange ayant la consistance d'une pâte à frire, qui est toutefois suffisamment épaisse pour s'étaler à la cuisson. Les biscuits fourrés, constitués de biscuits accolés en paires au moyen d'une garniture, ne peuvent faire autrement qu'être volumineux et épais.

CUITS À LA PERFECTION

«Environ» est un mot très important quand il s'agit du temps de cuisson des biscuits. En effet, les fours ne génèrent pas tous la même intensité de chaleur, la température de la pâte à biscuits peut varier, et il existe de nombreux types de plaques à pâtisserie. Comme les biscuits prennent généralement peu de temps à cuire, il y a forcément un très court intervalle entre un biscuit cuit à la perfection et un biscuit trop dur ou carrément brûlé. La solution consiste à considérer les temps de cuisson recommandés à titre indicatif et à surveiller attentivement les biscuits pendant les dernières minutes de la cuisson. Si vous vérifiez la cuisson en soulevant un biscuit au moyen d'une spatule, vous risquez de briser ledit biscuit, mais vous courez aussi la chance de sauver le reste de la fournée. (Vous pourrez toujours savourer en catimini ce biscuit brisé.)

Faites cuire les biscuits sur une grille placée au centre du four, à la température indiquée. J'ai constaté qu'en faisant cuire les biscuits une plaque à la fois, j'obtenais une cuisson plus uniforme, sans compter que je n'avais plus besoin d'effectuer une rotation des plaques en cours de cuisson. N'oubliez pas que les biscuits prendront habituellement moins de temps à cuire que ce qui est indiqué dans la recette si la plaque à pâtisserie n'est que partiellement remplie. Si vous réutilisez une même plaque pour faire cuire une autre fournée, laissez-la refroidir avant d'y déposer la pâte. Après la cuisson, laissez refroidir les biscuits sur une grille pour permettre à l'air de circuler, ce qui garantira des biscuits bien croustillants.

LA CONSERVATION ET
LA CONGÉLATION DES BISCUITS

Lorsqu'ils sont adéquatement emballés, la plupart des biscuits peuvent se conserver pendant au moins trois jours, et certains d'entre eux, tels que les biscuits géants au pain d'épice, demeurent délicieux pendant une période pouvant aller jusqu'à trois semaines. La meilleure façon de conserver des biscuits à consistance tendre est de les garder dans un contenant parfaitement hermétique en plastique ou en fer-blanc. Pour les biscuits croustillants, les contenants en fer-blanc valent mieux que ceux en plastique. Les contenants doivent être hermétiques afin de protéger les biscuits des odeurs et de l'humidité. Il vaut mieux emballer chaque type de biscuit dans son propre contenant, pour éviter que les saveurs se mélangent. Il est également suggéré de placer une feuille de papier ciré entre chaque rangée de biscuits. Si les biscuits comportent une garniture ou un glaçage périssables, mettez-les au réfrigérateur après les avoir emballés ou placés dans un contenant fermé. La plupart des autres biscuits se conservent très bien à la température ambiante.

Bien emballés, la plupart des biscuits peuvent se conserver au congélateur jusqu'à trois mois. Il vaut souvent mieux emballer les biscuits individuellement dans une pellicule plastique avant de les placer dans un contenant en plastique ou en fer-blanc, mais s'ils ne sont pas trop collants, on peut en emballer deux ou trois ensemble. Cette méthode, qui ne nécessite que quelques minutes, empêche les biscuits d'acquérir un «goût de congelé» en les isolant de l'air qui reste emprisonné dans le contenant. Vous pouvez ensuite retirer à mesure du congélateur le nombre de biscuits désiré. Assurez-vous toutefois de les laisser décongeler dans leur emballage, de manière que l'humidité dégagée lors du processus adhère à l'emballage et non au biscuit.

DES BISCUITS QUI VONT LOIN

Depuis deux générations, notre famille a l'habitude de faire parvenir des biscuits par la poste à des parents et à des amis. Ma mère envoyait toujours des biscuits à ceux et celles qui étaient loin de la maison ou qui, jugeait-elle, avaient besoin d'une petite douceur pour se remonter le moral. Faire parvenir une boîte de biscuits à un être cher était sa manière à elle, comme elle est maintenant devenue la mienne, de transmettre des bons vœux, des félicitations, des encouragements ou des remerciements, ou encore d'offrir un simple présent ou un peu de bonheur. Dawn Ryan, avec qui je prépare souvent mes biscuits, entretient les liens avec ses proches grâce à une liste de «biscuits du mois». Ainsi, chaque mois, ses amis et les membres de sa famille qui habitent au loin ont la chance de recevoir une boîte de biscuits toujours différents.

Lorsque vous envoyez des biscuits, choisissez ceux qui ont une bonne durée de conservation et qui se gardent à la température ambiante. Évitez d'envoyer des biscuits comportant une garniture ou un glaçage au chocolat, sauf pendant la saison froide. Un bon emballage est essentiel pour que les biscuits arrivent à destination en bon état. Commencez par placer une couche de feuilles de papier ciré froissées dans un contenant en plastique rigide ou en fer-blanc, afin de protéger des chocs les précieuses gourmandises, puis remplissez le contenant de biscuits emballés individuellement. Si vous le désirez, vous pouvez confectionner un emballage cadeau pour le contenant. Ensuite, entourez celui-ci d'une bonne quantité de papier brun ou de papier journal et placez-le dans une boîte remplie de billes de polystyrène. Une grosse boîte peut contenir plusieurs contenants de biscuits. Il vaut mieux envoyer les biscuits soit en début de semaine, soit par colis express pour éviter qu'ils ne moisissent dans quelque entrepôt pendant tout un week-end.

QUELQUES FAÇONS DE SERVIR DES BISCUITS GÉANTS

Les biscuits géants peuvent être servis au dessert, tant à la suite d'un repas décontracté entre amis ou que lors des grandes occasions. En toute simplicité, vous pouvez offrir de la crème glacée accompagnée de biscuits, ou encore une attrayante assiette de biscuits assortis. Vous pouvez aussi confectionner des sandwichs à la crème glacée. Les biscuits aux pépites de chocolat ou au chocolat peuvent servir de base à la préparation de coupes glacées. Recouvrez chaque biscuit d'une cuillerée de crème glacée et nappez le tout d'un sirop au chocolat fondant chaud. Vous pouvez aussi concocter un parfait aux biscuits et à la crème en superposant dans une coupe un étage de biscuits en morceaux, un étage de crème glacée et un étage de sirop. Si vous voulez essayer quelque chose de plus élaboré, vous pouvez recouvrir des sablés ou des biscuits au beurre et à la vanille de petits fruits frais et de crème fouettée. Les bagatelles à base de biscuits sont très appréciées dans les soirées : dans un grand bol de verre, recouvrez de crème fouettée des biscuits aromatisés à différentes saveurs, puis émiettez un ou deux biscuits sur la couche de crème. Enfin, saupoudrez le tout de sucre en poudre, et il ne vous reste plus qu'à savourer. Combinez des biscuits aux épices avec de la crème fouettée parfumée à la cannelle, des biscuits au chocolat ou aux flocons d'avoine avec de la crème fouettée parfumée à la vanille, au café ou au chocolat, et des biscuits sablés, à la vanille ou aux pacanes avec de la crème fouettée parfumée à la framboise ou au rhum. Vous pouvez bien sûr créer vos propres combinaisons en jumelant vos saveurs préférées.

LES TENDRES GÉANTS

Lorsque vous pensez à des biscuits géants, ce sont probablement les biscuits aux pépites de chocolat qui vous viennent à l'esprit. Et, justement, la première recette figurant dans le présent livre est celle d'un volumineux biscuit aux pépites de chocolat, rendu encore plus savoureux grâce à une méthode permettant d'ajouter beaucoup plus de brisures de chocolat que ce qu'on trouve habituellement sur le marché. Mais les biscuits à consistance tendre constituent un groupe très vaste. Les biscuits aux épices à l'ancienne, le Biscuit d'anniversaire aux flocons d'avoine (p. 28) pour douze personnes, les Biscuits à la citrouille et aux pépites de caramel au beurre (p. 27) dont la consistance s'apparente à celle un gâteau, les Macarons géants à la noix de coco bien joufflus (p. 43) et l'étonnant Biscuit glacé noir et blanc (p. 44) font tous partie de cette grande famille.

On obtient des biscuits tendres à l'aide de plusieurs méthodes simples. Nombre d'entre eux font partie du groupe bien connu des biscuits à la cuillère, que l'on prépare en déposant sur une plaque à pâtisserie des portions de pâte prélevées à la cuillère. Dans plusieurs autres cas, il faut plutôt façonner la pâte en boulettes ou en bûches. Ainsi, pour obtenir des Ermites épicés aux noix et aux raisins secs (p.36), on forme des bûches qui sont découpées en tranches après la cuisson. Dans le cas des Boules aux pépites de chocolat enrobées de chocolat (p. 34), il faut combiner les deux méthodes : après la cuisson, les biscuits à la cuillère sont brisés en morceaux puis façonnés en boulettes. Enfin, pour confectionner le fameux biscuit d'anniversaire aux flocons d'avoine, il faut étendre la pâte et lui donner la forme voulue au moyen d'une spatule.

Quand vient le temps de déterminer si un biscuit tendre est cuit, prenez le chemin le plus court : il vaut mieux qu'ils soient insuffisamment cuits que trop cuits. En effet, s'ils restent au four ne serait-ce que quelques minutes de trop, ces biscuits peuvent devenir secs et perdre la texture souple qui les rend si uniques. En revanche, quand on les cuit une ou deux min de moins, ils n'en sont que plus moelleux.

Ce type de biscuit est idéal pour les boîtes à lunch, les paniers à pique-nique et les repas communautaires ; vous pouvez aussi les laisser sur le comptoir de la cuisine pour qu'ils servent de goûter à tout moment de la journée, ou les envoyer par la poste à un être cher. Les biscuits noir et blanc et les boules aux pépites de chocolat enrobées de chocolat, qui sont recouverts d'un enrobage chocolaté, ne devraient peut-être pas être expédiés par la poste au cours des mois d'été, mais en général, les biscuits à consistance tendre supportent très bien les voyages.

Biscuits débordants de pépites de chocolat

Donne 16 biscuits · Préparation 25 min · Cuisson 180 °C (350 °F),
sur deux plaques à pâtisserie, environ 15 min chacune

- Placer une grille au centre du four. Préchauffer le four à 180 °C (350 °F). Tapisser deux plaques à pâtisserie de papier sulfurisé.

- Dans un bol de grosseur moyenne, tamiser la farine, le bicarbonate de soude et le sel. Réserver. Dans un grand bol, au moyen d'un batteur électrique à vitesse moyenne, fouetter le beurre et la cassonade jusqu'à obtention d'un mélange onctueux, environ 1 min. De temps en temps, au besoin, arrêter le batteur et racler les parois du bol. Ajouter les œufs et la vanille et bien mélanger, environ 1 min. La préparation aura une consistance légèrement caillée. En battant à basse vitesse, ajouter le mélange de farine et remuer juste assez pour l'incorporer au reste de la préparation. Ajouter 350 g (2 tasses) de pépites de chocolat.

- Rouler 2 c. à soupe de pâte entre les paumes des mains afin de former une boulette, et l'aplatir légèrement de manière à former un disque de 5 cm (2 po) de diamètre. Placer le disque sur l'une des plaques à pâtisserie. Répéter l'opération afin de façonner un total de 16 disques et disposer huit disques sur chaque plaque à pâtisserie en les espaçant de 10 cm (4 po). Disposer 1 c. à soupe des pépites de chocolat restantes sur chaque disque en les pressant légèrement dans la pâte et en vous arrêtant à 6 mm (¼ po) du bord. À l'aide de la pâte restante, fabriquer 16 autres disques, et placer chacun d'entre eux sur les biscuits recouverts de pépites de chocolat. Presser légèrement sur les disques afin de bien recouvrir toutes les pépites de chocolat.

- Cuire les biscuits, une plaque à la fois, jusqu'à ce que les bords soient légèrement bruns mais que le centre soit encore à peine doré, environ 15 min. Laisser tiédir les biscuits sur la plaque à pâtisserie pendant 10 min, puis, à l'aide d'une grande spatule en métal, les transférer sur une grille pour qu'ils refroidissent complètement. Servir chaud (l'intérieur chocolaté sera mou et fondant) ou à la température ambiante. Les biscuits peuvent se conserver jusqu'à 4 jours dans un contenant hermétique à la température ambiante.

PRÉPARATION

- 300 g (2 tasses) de farine tout usage non blanchie
- ¾ c. à café (¾ c. à thé) de bicarbonate de soude
- ½ c. à café (½ c. à thé) de sel
- 240 g (1 tasse) de beurre non salé, légèrement ramolli (environ 30 min)
- 300 g (1 ½ tasse) de cassonade ou de sucre roux, bien tassé
- 2 œufs de gros calibre, froids
- 2 c. à café (2 c. à thé) d'extrait de vanille
- 525 g (3 tasses) de pépites de chocolat mi-sucré

NOTE

Vous pouvez remplacer les brisures de chocolat au lait ou blanc par des brisures de chocolat mi-sucré. Si vous souhaitez servir ces biscuits lors d'une soirée entre amis, utilisez un gros couteau bien aiguisé afin de couper les biscuits en quartiers et trempez la pointe dans un glaçage au chocolat (page 40). Attendez que le chocolat raffermisse avant de servir les biscuits.

Biscuits double chocolat

Donne 12 biscuits · Préparation 20 min · Cuisson 160 °C (325 °F), sur deux plaques à pâtisserie, environ 18 min chacune

- 470 g (2 ⅓ tasses) de pépites de chocolat mi-sucré
- 150 g (1 tasse) de farine tout usage non blanchie
- 25 g (¼ tasse) de poudre de cacao alcalinisée non sucrée
- 1 c. à café (1 c. à thé) de bicarbonate de soude
- ½ c. à café (½ c. à thé) de sel
- 120 g (½ tasse) de beurre non salé, légèrement ramolli (environ 30 min)
- 105 g (½ tasse) de cassonade ou de sucre roux, bien tassé
- 55 g (¼ tasse) de sucre granulé
- 1 œuf de gros calibre, froid
- 1 c. à café (1 c. à thé) d'extrait de vanille

- Placer une grille au centre du four. Préchauffer le four à 160 °C (325 °F). Tapisser deux plaques à pâtisserie de papier sulfurisé.

- Mettre 120 g (⅔ tasse) de pépites de chocolat dans un bain-marie chauffant à feu doux. Remuer les pépites de chocolat jusqu'à ce qu'elles fondent et que la préparation soit lisse. Retirer de l'eau et réserver.

- Dans un bol de grosseur moyenne, tamiser la farine, la poudre de cacao, le bicarbonate de soude et le sel. Réserver. Dans un grand bol, au moyen d'un batteur électrique à vitesse moyenne, fouetter le beurre, la cassonade et le sucre granulé jusqu'à obtention d'un mélange onctueux, environ 1 min. De temps en temps, au besoin, arrêter le batteur et racler les parois du bol. En fouettant à basse vitesse, incorporer les pépites de chocolat fondues. Ajouter l'œuf et la vanille et bien mélanger, environ 1 min. Ajouter le mélange de farine et remuer juste assez pour l'incorporer au reste de la préparation. Ajouter les 350 g (2 tasses) de pépites de chocolat restantes.

- À l'aide d'une cuillère à crème glacée ou d'une mesure d'une capacité de 60 ml (¼ tasse), prélever des portions de pâte et les déposer sur les plaques à pâtisserie, en les espaçant de 7,5 cm (3 po).

- Cuire les biscuits, une plaque à la fois, jusqu'à ce que le dessus se fissure légèrement et qu'un cure-dent inséré au centre en ressorte enrobé de miettes humides et non de pâte liquide, environ 18 min. (Si votre cure-dent plante dans une pépite de chocolat, essayer de nouveau ailleurs.) Laisser les biscuits tiédir sur les plaques à pâtisserie pendant 5 min, puis, à l'aide d'une grande spatule en métal, les transférer sur une grille pour qu'ils refroidissent complètement. L'extérieur des biscuits deviendra croustillant à mesure qu'ils refroidiront.

- Les biscuits peuvent se conserver jusqu'à 4 jours dans un contenant hermétique à la température ambiante.

NOTE

Douze biscuits pour 470 g (2 ⅓ tasses) de pépites de chocolat, voilà un ratio fort attrayant. Pour confectionner ces biscuits, on fait fondre une partie des pépites de chocolat, que l'on incorpore à la pâte, puis l'on ajoute au mélange le reste des brisures telles quelles. On obtient alors un biscuit foncé regorgeant de grains de chocolat.

Biscuits aux flocons d'avoine à l'érable et aux canneberges

Donne 15 biscuits · Préparation 15 min · Cuisson 180 °C (350 °F),
sur deux plaques à pâtisserie, environ 18 min chacune

- Placer une grille au centre du four. Préchauffer le four à 180 °C (350 °F). Tapisser deux plaques à pâtisserie de papier sulfurisé.

- Dans un bol de grosseur moyenne, tamiser la farine, le bicarbonate de soude, le sel et la cannelle. Réserver. Dans un grand bol, au moyen d'un batteur électrique à vitesse moyenne, fouetter le beurre, la cassonade et le sucre granulé jusqu'à obtention d'un mélange onctueux, environ 1 min. De temps en temps, au besoin, arrêter le batteur et racler les parois du bol. En battant à basse vitesse, ajouter les œufs, le sirop d'érable et la vanille et bien mélanger, environ 1 min. Incorporer le mélange de farine. Ajouter les flocons d'avoine, puis les canneberges.

- À l'aide d'une cuillère à crème glacée ou d'une mesure d'une capacité de 60 ml (¼ tasse), prélever des portions de pâte et les déposer sur les plaques à pâtisserie, en les espaçant d'au moins 6 cm (2 ½ po).

- Cuire les biscuits, une plaque à la fois, jusqu'à ce que le dessus soit ferme au toucher, et que le dessus et le dessous soient légèrement colorés, environ 18 min. Laisser tiédir les biscuits sur les plaques à pâtisserie pendant 5 min, puis, à l'aide d'une grande spatule de métal, les transférer sur une grille pour qu'ils refroidissent complètement.

- Les biscuits peuvent se conserver jusqu'à quatre jours dans un contenant hermétique à la température ambiante.

- 265 g (1 ¾ tasse) de farine tout usage non blanchie
- ½ c. à café (½ c. à thé) de bicarbonate de soude
- ½ c. à café (½ c. à thé) de sel
- 2 c. à café (2 c. à thé) de cannelle moulue
- 120 g (½ tasse) de beurre non salé à température ambiante
- 200 g (1 tasse) de cassonade (sucre brun) foncée, bien tassée
- 75 g (⅓ tasse) de sucre granulé
- 2 œufs de gros calibre
- 125 ml (½ tasse) de sirop d'érable
- 2 c. à café (2 c. à thé) d'extrait de vanille
- 165 g (1 ¾ tasse) de flocons d'avoine (éviter ceux à cuisson rapide)
- 190 g (1 ½ tasse) de canneberges séchées

NOTE

Les biscuits à l'avoine possédant une texture croustillante à l'extérieur et tendre à l'intérieur sont un classique dont la popularité ne se dément pas. Notre recette vient agrémenter cet éternel favori par l'ajout de sirop d'érable et d'une profusion de canneberges séchées. Sans être trop radical, ce petit changement surprend juste assez pour susciter bien des murmures d'appréciation.

Biscuits à la citrouille et aux pépites de caramel au beurre

Donne 14 biscuits • Préparation 15 min • Cuisson 160 °C (325 °F), sur deux plaques à pâtisserie, environ 16 min chacune

- 300 g (2 tasses) de farine tout usage non blanchie
- 1 ½ c. à café (1 ½ c. à thé) de levure chimique (poudre à lever)
- 1 c. à café (1 c. à thé) de bicarbonate de soude
- ½ c. à café (½ c. à thé) de sel
- 1 c. à café (1 c. à thé) de cannelle moulue
- 2 œufs de gros calibre
- 220 g (1 tasse) de sucre
- 125 ml (½ tasse) d'huile de canola (colza) ou de maïs
- 120 g (1 tasse) de citrouille en conserve
- 1 c. à café (1 c. à thé) d'extrait de vanille
- 200 g (1 tasse) de pépites de caramel
- Sucre semoule pour décorer

NOTE

La citrouille donne à ces tendres biscuits-gâteaux une appétissante coloration orangée. En utilisant une cuillère à crème glacée pour les façonner, on obtient des biscuits au dessus bien lisse et régulier.

Chemisez des plaques à pâtisserie avec du papier sulfurisé beurré les afin que les biscuits ne collent pas. Pour la citrouille, assurez-vous que l'étiquette sur la boîte indique bien « 100 % pure citrouille » et non « garniture pour tarte à la citrouille », car cette dernière contient des épices.

- Placer une grille au centre du four. Préchauffer le four à 160 °C (325 °F). Tapisser deux plaques à pâtisserie de papier sulfurisé et beurrer le papier.

- Dans un bol de grosseur moyenne, mélanger la farine, la levure chimique, le bicarbonate de soude, le sel et la cannelle. Réserver. Dans un grand bol, au moyen d'un batteur électrique à vitesse moyenne, fouetter les œufs et le sucre jusqu'à ce que le mélange devienne onctueux et un peu plus pâle qu'au départ, environ 1 min. De temps en temps, au besoin, arrêter le batteur et racler les parois du bol. En battant à basse vitesse, incorporer l'huile, la citrouille et la vanille. Incorporer le mélange de farine. Ajouter les brisures de caramel.

- À l'aide d'une cuillère à crème glacée d'une capacité de 60 ml (¼ tasse), prélever des portions de pâte et les déposer sur les plaques à pâtisserie, en les espaçant d'au moins 6 cm (2 ½ po). On peut aussi employer une mesure de 60 ml (¼ tasse) pour prélever la pâte, puis lisser le contour des petits tas ainsi obtenus à l'aide d'une mince spatule en métal.

- Cuire les biscuits, une plaque à la fois, jusqu'à ce que le dessus soit ferme au toucher et qu'un cure-dents inséré au centre en ressorte propre, environ 16 min. Laisser tiédir les biscuits sur la plaque à pâtisserie pendant 5 min, puis, à l'aide d'une grande spatule en métal, les transférer sur une grille pour qu'ils refroidissent complètement.

- Saupoudrer légèrement les biscuits refroidis de sucre semoule. Les biscuits peuvent se conserver jusqu'à 4 jours dans un contenant hermétique à la température ambiante.

Biscuit d'anniversaire aux flocons d'avoine

Donne 12 grosses tranches de biscuit · Préparation 20 min · Cuisson 180 °C (350 °F), environ 19 min

- Placer une grille au centre du four. Préchauffer le four à 180 °C (350 °F). Tracer un cercle de 22,5 cm (9 po) de diamètre sur une feuille de papier sulfurisé et chemiser une plaque à pâtisserie avec cette feuille, en la plaçant à l'envers.

BISCUITS

- Dans un petit bol, tamiser la farine, la levure chimique, le bicarbonate de soude, le sel et la cannelle. Réserver. Dans un grand bol, au moyen d'un batteur électrique à vitesse moyenne, fouetter le beurre, la cassonade et le sucre granulé jusqu'à obtention d'un mélange onctueux, environ 1 min. Au besoin, racler les parois du bol. Ajouter l'œuf et la vanille et bien mélanger, environ 30 sec. En battant à basse vitesse, incorporer le mélange de farine. Ajouter les flocons d'avoine, puis les raisins secs et les noix.

- Disposer des cuillerées de pâte à l'intérieur du cercle, puis, à l'aide d'une mince spatule en métal, étendre la pâte uniformément sur toute la surface du cercle. Lisser les contours du cercle avec la spatule.

- Cuire le biscuit jusqu'à ce que les bords soient légèrement bruns et le centre à peine doré, environ 19 min. La taille du biscuit s'accroîtra d'environ 2,5 cm (1 po). Le laisser refroidir complètement sur la plaque à pâtisserie déposée sur une grille.

GLAÇAGE

- Dans un petit bol, mélanger le sucre semoule et la vanille en ajoutant suffisamment d'eau pour obtenir une consistance épaisse. Le glaçage doit garder sa forme lorsqu'on en dépose une petite quantité sur une feuille de papier. À l'aide d'une cuillère, introduire le glaçage dans un petit sac de plastique pour congélateur muni d'une fermeture à glissière. Presser le sac afin d'en extraire l'excédent d'air puis fermer. Dans l'un des coins du sac, pratiquer une petite ouverture d'environ un 1 mm.

- Tenir le sac à 2, 5 cm (1 po) au-dessus du biscuit, légèrement de biais, et inscrire un message en pressant doucement le sac. Procéder lentement pour former des lettres ou tracer un dessin. Laisser le glaçage se raffermir à la température ambiante. Une fois le glaçage pris, le biscuit peut être couvert et conservé jusqu'à 2 jours à la température ambiante. À l'aide d'un grand couteau bien aiguisé, couper le biscuit en pointes au moment de servir.

BISCUIT

- 75 g (½ tasse) plus 2 c. à soupe de farine tout usage non blanchie
- ¼ c. à café (¼ c. à thé) de levure chimique (poudre à lever)
- ¼ c. à café (¼ c. à thé) de bicarbonate de soude
- ¼ c. à café (¼ c. à thé) de sel
- ½ c. à café (½ c. à thé) de cannelle moulue
- 6 c. à soupe de beurre non salé à température ambiante
- 105 g (½ tasse) de cassonade (sucre brun) foncée, bien tassée
- 55 g (¼ tasse) de sucre granulé
- 1 œuf de gros calibre
- 1 c. à café (1 c. à thé) d'extrait de vanille
- 90 g (1 tasse) de flocons d'avoine (éviter ceux à cuisson rapide)
- 135 g (¾ tasse) de raisins secs
- 50 g (½ tasse) de noix, hachées grossièrement

GLAÇAGE

- 75 g (¾ tasse) de sucre semoule
- ½ c. à café (½ c. à thé) d'extrait de vanille
- 3 à 4 c. à café (3 à 4 c. à thé) d'eau

Biscuits glacés à la mélasse à l'ancienne

Donne 12 biscuits · Préparation 20 min · Cuisson 180 °C (350 °F), environ 18 min

BISCUITS

• Dans un bol de grosseur moyenne, tamiser la farine, le bicarbonate de soude, le sel, le gingembre, la cannelle et les clous de girofle. Réserver. Dans un grand bol, au moyen d'un batteur électrique à vitesse moyenne, fouetter le beurre, le shortening et le sucre jusqu'à ce que les ingrédients soient bien amalgamés, environ 1 min. Au besoin, racler les parois du bol. Ajouter l'œuf, la mélasse et la crème sure et remuer jusqu'à ce que le tout soit bien mélangé et que la préparation acquière une coloration brun clair uniforme, environ 1 min. (Au début, le mélange aura une apparence peu homogène et multicolore, mais le mélange deviendra peu à peu homogène). En battant à basse vitesse, ajouter le mélange de farine et remuer juste assez pour l'incorporer au reste de la préparation et jusqu'à l'obtention d'une pâte onctueuse et collante. Couvrir le bol et mettre au réfrigérateur jusqu'à ce que la pâte soit suffisamment ferme pour être façonnée en boulettes, environ 2 h.

• Placer une grille au centre du four. Préchauffer le four à 180 °C (350 °F). Tapisser une plaque à pâtisserie de papier sulfurisé.

• Pour chaque biscuit, utiliser une cuillère à crème glacée ou une mesure d'une capacité de 60 ml (¼ tasse) pour prélever les portions de pâte. Rouler chaque portion entre les paumes des mains afin de façonner une boulette. Disposer les biscuits sur la plaque à pâtisserie, en les espaçant de 7,5 cm (3 po). Cuire jusqu'à ce que le dessus des biscuits soit ferme au toucher et que le centre soit encore mou, et jusqu'à ce qu'il y ait de petites fissures sur le dessus et que le dessous soit légèrement brun, environ 18 min. Laisser tiédir sur la plaque à pâtisserie pendant 5 min, puis les transférer sur une grille pour qu'ils refroidissent complètement.

GLAÇAGE

• Dans un petit bol, mélanger le sucre semoule et la vanille en ajoutant suffisamment de lait pour former un glaçage onctueux. À l'aide d'une petite cuillère, verser du glaçage sur chaque biscuit. Laisser les biscuits reposer à la température ambiante jusqu'à ce que le glaçage soit ferme.

• Les biscuits peuvent se conserver jusqu'à 4 jours dans un contenant hermétique à la température ambiante.

BISCUITS

• 300 g (2 tasses) de farine tout usage non blanchie
• 1 c. à café (1 c. à thé) de bicarbonate de soude
• ¼ c. à café (¼ c. à thé) de sel
• 1 c. à café (1 c. à thé) de gingembre moulu
• 1 c. à café (1 c. à thé) de cannelle moulue
• ¼ c. à café (¼ c. à thé) de clou de girofle moulu
• 6 c. à soupe de beurre non salé à température ambiante
• 6 c. à soupe de shortening végétal
• 220 g (1 tasse) de sucre
• 1 œuf de gros calibre
• 60 ml (¼ tasse) de mélasse non sulfurée
• 125 ml (½ tasse) de crème sure

GLAÇAGE

• 100 g (1 tasse) de sucre semoule
• ½ c. à café (½ c. à thé) d'extrait de vanille
• 2 c. à soupe de lait, plus 1 c. à café (1 c. à thé) au maximum, au besoin

Biscuits aux pépites de chocolat dans un biscuit

- 300 g (2 tasses) de farine tout usage non blanchie
- 1 c. à café (1 c. à thé) de bicarbonate de soude
- ½ c. à café (½ c. à thé) de sel
- 240 g (1 tasse) de beurre non salé à température ambiante
- 200 g (1 tasse) de cassonade ou de sucre roux, bien tassé
- 110 g (½ tasse) de sucre granulé
- 2 œufs de gros calibre
- 2 c. à café (2 c. à thé) d'extrait de vanille
- 525 g (3 tasses) de pépites de chocolat mi-sucré

Donne 20 biscuits · Préparation 25 min · Cuisson 180 °C (350 °F) : sur une plaque, environ 13 min, puis deux plaques, environ 15 min chacune

- Placer une grille au centre du four. Préchauffer le four à 180 °C (350 °F). Tapisser deux plaques à pâtisserie de papier sulfurisé. (L'une des plaques sera utilisée en premier, puis refroidie, puis réutilisée après avoir été tapissée de nouveau avec du papier sulfurisé.)

- Dans un bol de grosseur moyenne, tamiser la farine, le bicarbonate de soude et le sel. Réserver. Dans un grand bol, au moyen d'un batteur électrique à vitesse moyenne, fouetter le beurre, la cassonade et le sucre granulé jusqu'à obtention d'un mélange onctueux, environ 1 min. Au besoin, racler les parois du bol. Ajouter les œufs et la vanille et bien mélanger, environ 1 min. En battant à basse vitesse, ajouter le mélange de farine et remuer juste assez pour l'incorporer au reste de la préparation. Ajouter les pépites de chocolat.

- Disposer 10 c. à soupe combles (équivalant chacune à environ 3 c. à soupe rases) de pâte sur l'une des plaques à pâtisserie en les espaçant de 7,5 cm (3 po). Réserver le reste de la pâte. Cuire jusqu'à ce que les bords des biscuits soient légèrement bruns mais que le centre demeure doré, environ 13 min. Laisser tiédir les biscuits sur la plaque pendant 5 min puis, à l'aide d'une grande spatule de métal, les transférer sur une grille pour qu'ils refroidissent complètement. (N'éteignez pas le four.) Tapisser la plaque avec une nouvelle feuille de papier sulfurisé.

- Briser les biscuits refroidis en morceaux de 12 mm à 2,5 cm (½ à 1 po). Ajouter les morceaux à la pâte restante et battre à basse vitesse pour les répartir uniformément dans le mélange, environ 10 sec. À l'aide d'une cuillère à crème glacée ou d'une mesure d'une capacité de 60 ml (¼ tasse), prélever des portions de pâte et les déposer sur la plaque à pâtisserie, en les espaçant de 7,5 cm (3 po).

- Cuire les biscuits, une plaque à la fois, jusqu'à ce que le dessus soit ferme au toucher, que le centre soit encore mou et que les bords commencent à brunir légèrement, environ 15 min. Laisser tiédir les biscuits sur la plaque à pâtisserie pendant 10 min puis, à l'aide d'une grande spatule en métal, les transférer sur une grille pour qu'ils refroidissent complètement.

- Les biscuits peuvent se conserver jusqu'à 4 jours dans un contenant hermétique à la température ambiante.

NOTE

Si vous avez des biscuits aux pépites de chocolat déjà cuits, vous pouvez tout simplement les incorporer à une pâte à biscuits aux pépites de chocolat. La proportion à adopter est environ 1 tasse de morceaux de biscuits au chocolat cuits pour environ 2 tasses de pâte à biscuits.

Biscuits au caramel au beurre marbrés de chocolat

Donne 24 biscuits · Préparation 15 min · Cuisson 180 °C (350 °F),
sur deux plaques à pâtisserie, environ 11 min chacune

- 120 g (4 oz) de chocolat mi-sucré, en morceaux
- 300 g (2 tasses) de farine tout usage non blanchie
- 1 c. à café (1 c. à thé) de levure chimique (poudre à lever)
- ¼ c. à café (¼ c. à thé) de sel
- 240 g (1 tasse) de beurre non salé à température ambiante
- 400 g (2 tasses) de cassonade ou de sucre roux, bien tassé
- 2 c. à café (2 c. à thé) d'extrait de vanille
- 3 œufs de gros calibre

PRÉPARATION

- Placer une grille au centre du four. Préchauffer le four à 180 °C (350 °F). Tapisser deux plaques à pâtisserie de papier sulfurisé.

- Mettre le chocolat dans un bain-marie chauffant à feu doux et remuer jusqu'à ce qu'il fonde et que la préparation soit lisse. Retirer de l'eau. Réserver.

- Dans un bol de grosseur moyenne, tamiser la farine, la levure chimique et le sel. Réserver. Dans un grand bol, au moyen d'un batteur électrique à vitesse moyenne, fouetter le beurre, la cassonade et la vanille jusqu'à obtention d'un mélange onctueux, environ 1 min. Au besoin, racler les parois du bol. Ajoutez les œufs et bien mélanger, environ 1 min. En fouettant à basse vitesse, ajouter le mélange de farine et battre juste assez pour l'incorporer au reste de la préparation.

- Déposer de grosses cuillerées à soupe combles (équivalant chacune à environ 3 c. à soupe rases) de pâte sur les plaques à pâtisserie en les espaçant de 7,5 cm (3 po). Arroser chaque biscuit d'environ ½ c. à café (½ c. à thé) de chocolat fondu. À l'aide d'un petit couteau aiguisé, tracer des zigzags dans chaque biscuit pour créer un effet marbré.

- Cuire les biscuits, une plaque à la fois, jusqu'à ce que le dessus soit mou mais pris et que les bords soient légèrement bruns, environ 11 min. Laisser les biscuits tiédir sur la plaque à pâtisserie pendant 10 min puis, à l'aide d'une grande spatule en métal, les transférer sur une grille où ils refroidiront complètement.

- Les biscuits peuvent se conserver jusqu'à 4 jours dans un contenant hermétique à la température ambiante.

NOTE

Même les fameux brownies blonds au caramel au beurre peuvent être offerts en version biscuit. Il vous suffit de déposer cette pâte blonde sur une plaque à pâtisserie pour obtenir des biscuits à la cassonade au centre moelleux et au pourtour ultra-croustillant.

Boules aux pépites de chocolat
enrobées de chocolat

Donne 12 biscuits · Préparation 25 min, plus le temps de réfrigération · Cuisson 180 °C (350 °F), environ 14 min

• Placer une grille au centre du four. Préchauffer le four à 180 °C (350 °F). Tapisser une plaque à pâtisserie de papier sulfurisé.

BISCUITS

• Dans un petit bol, tamiser la farine, le bicarbonate de soude et le sel. Réserver. Dans un grand bol, au moyen d'un batteur électrique à vitesse moyenne, fouetter le beurre, la cassonade et le sucre granulé jusqu'à obtention d'un mélange onctueux, environ 1 min. Au besoin, racler les parois du bol. Ajouter l'œuf et la vanille et bien mélanger, environ 1 min. Il se peut que la préparation ait une apparence légèrement caillée. En fouettant à basse vitesse, ajouter le mélange de farine et battre juste assez pour l'incorporer au reste de la préparation. Ajouter les pépites de chocolat.

• Déposer des cuillerées à soupe combles (équivalant chacune à environ 3 c. à soupe rases) de pâte sur la plaque en les espaçant de 7,5 cm (3 po), de façon à obtenir 12 biscuits. Cuire jusqu'à ce que les bords soient légèrement bruns et que le centre soit encore légèrement doré, environ 14 min.

• Si des biscuits se sont étalés et joints les uns aux autres lors de la cuisson, utiliser un petit couteau pour les séparer pendant qu'ils sont encore chauds. Laisser tiédir les biscuits sur la plaque déposée sur une grille environ 20 min, ou jusqu'à ce qu'ils soient suffisamment froids pour être aisément brisés et manipulés.

• Tapisser une assiette de papier sulfurisé ou de papier ciré. Briser un biscuit en morceaux de 6 mm à 2,5 cm (¼ à 1 po), et façonner chacun des morceaux en boule en les pressant avec les mains. (Le chocolat fondu servira de liant.) Placer la boule ainsi obtenue sur l'assiette tapissée de papier, puis procéder de la même façon avec le reste des biscuits. Couvrir et réfrigérer jusqu'à fermeté, au moins 25 min, ou jusqu'au lendemain.

BISCUITS

• 150 g (1 tasse) de farine tout usage non blanchie
• ½ c. à café (½ c. à thé) de bicarbonate de soude
• ¼ c. à café (¼ c. à thé) de sel
• 120 g (½ tasse) de beurre non salé à température ambiante
• 100 g (½ tasse) de cassonade ou de sucre roux, bien tassé
• 55 g (¼ tasse) de sucre granulé
• 1 œuf de gros calibre
• 1 c. à café (1 c. à thé) d'extrait de vanille
• 175 g (1 tasse) de pépites de chocolat mi-sucré

ENROBAGE AU CHOCOLAT

- 350 g (2 tasses) de pépites de chocolat mi-sucré
- 30 g (1 oz) de chocolat non sucré, haché
- 3 c. à soupe d'huile de canola (colza) ou de maïs

ENROBAGE AU CHOCOLAT

- Mettre les deux chocolats et l'huile dans un bain-marie. Remuer jusqu'à ce que le chocolat fonde et que la préparation soit lisse. Verser le chocolat dans un bol de grosseur moyenne et laisser reposer environ 10 min pour qu'il refroidisse et épaississe légèrement.

- Tremper une boule de biscuit refroidie dans le chocolat fondu de manière à l'enduire entièrement. Avec les doigts, tenir le biscuit au-dessus du bol pour laisser égoutter l'excès de chocolat, puis remettre le biscuit dans l'assiette tapissée de papier. Répéter l'opération avec l'ensemble des boules de biscuits, en évitant de laisser les biscuits enduits de chocolat entrer en contact les uns avec les autres. (Il vous restera de l'enrobage au chocolat pour un usage ultérieur; vous pouvez par exemple en verser sur de la crème glacée. L'utilisation d'une grande quantité de chocolat fondu facilite le travail de trempage des boules de chocolat.)

- Laisser les biscuits reposer à la température ambiante jusqu'à ce que l'enrobage soit ferme, environ 1 h. Pour accélérer le raffermissement du chocolat, réfrigérer les biscuits environ 15 min. Un petit «socle» en chocolat se formera à la base de chaque biscuit.

- Les biscuits peuvent être emballés individuellement dans de la pellicule plastique et conservés jusqu'à 5 jours au réfrigérateur. Servir à la température ambiante.

VARIANTES

- Verser sur les biscuits enrobés de chocolat un mince filet de chocolat blanc fondu, ou couper les biscuits en quarts et les servir sous forme de tranches chocolatées.

NOTE

On forme les boules en brisant en morceaux des biscuits aux pépites de chocolat quand ils sont encore chauds puis on les façonne pour leur donner une forme arrondie. On met ensuite le tout au réfrigérateur jusqu'à fermeté. Les pépites de chocolat fondantes font tenir les biscuits en boule jusqu'à ce qu'ils se raffermissent au contact du froid. C'est la première étape. Ensuite, on trempe les boules dans du chocolat fondu. Une incomparable touche finale, pour un summum de saveur.

Ermites épicés aux noix et aux raisins secs

Donne 12 biscuits · Préparation 15 min · Cuisson 180 °C (350 °F), environ 15 min

- Placer une grille au centre du four. Préchauffer le four à 180 °C (350 °F). Tapisser une plaque à pâtisserie de papier sulfurisé.

BISCUITS

- Dans un bol de grosseur moyenne, tamiser la farine, le bicarbonate de soude, le sel, la cannelle, le gingembre et les clous de girofle. Réserver. Dans un grand bol, au moyen d'un batteur électrique à vitesse moyenne, fouetter le beurre et la cassonade jusqu'à homogénéité, environ 1 min. Au besoin, racler les parois du bol. Ajouter l'œuf et battre pour bien mélanger, environ 30 sec. En battant à basse vitesse, incorporer la mélasse. Ajouter le mélange de farine et battre juste assez pour l'incorporer au reste de la préparation. Ajouter les raisins secs et les noix.

- Diviser la pâte en deux portions et former deux bûches. Placer les bûches à une distance de 7,5 cm (3 po) l'une de l'autre sur la plaque à pâtisserie, et façonner chacune d'entre elles en un rectangle de 28,5 cm (11 po) de longueur, de 6 cm (2 ½ po) de largeur et de 2,5 cm (1 po) d'épaisseur. Cuire jusqu'à ce que le dessus des rectangles soit croustillant et que l'intérieur soit encore mou lorsqu'on applique une légère pression du doigt, environ 15 min. Les bords auront à peine commencé à brunir.

- Laisser tiédir les bûches sur la plaque pendant 10 min puis, à l'aide d'une grande spatule en métal, les transférer sur une grille pour qu'elles refroidissent complètement. Découper chaque bûche refroidie en 6 tranches d'environ 5 cm (2 po) d'épaisseur chacune.

GLAÇAGE

- Dans un petit bol, mélanger le sucre semoule avec suffisamment de lait pour former un glaçage épais mais assez coulant pour se verser aisément. À l'aide d'une petite cuillère, verser plusieurs minces filets de glaçage sur chacun des biscuits de façon à former des lignes. Laisser les biscuits reposer à la température ambiante jusqu'à ce que le glaçage soit ferme.

- Les biscuits peuvent se conserver pendant 5 jours dans un contenant hermétique à la température ambiante.

BISCUITS

- 300 g (2 tasses) de farine tout usage non blanchie
- 1 ½ c. à café (1 ½ c. à thé) de bicarbonate de soude
- ¼ c. à café (¼ c. à thé) de sel
- 2 c. à café (2 c. à thé) de cannelle moulue
- 1 c. à café (1 c. à thé) de gingembre moulu
- ½ c. à café (½ c. à thé) de clou de girofle moulu
- 120 g (½ tasse) de beurre non salé à température ambiante
- 200 g (1 tasse) de cassonade ou de sucre roux, bien tassé
- 1 œuf de gros calibre
- 2 c. à soupe de mélasse non sulfurée
- 180 g (1 tasse) de raisins secs
- 50 g (½ tasse) de noix, hachées grossièrement

GLAÇAGE

- 50 g (½ tasse) de sucre semoule
- 3 ou 4 c. à café (3 ou 4 c. à thé) de lait

Biscuits ronds au fromage à la crème, aux canneberges et aux noix

Donne 10 biscuits · Préparation 20 min · Cuisson 180 °C (350 °F), environ 25 min

BISCUITS

- 150 g (1 tasse) plus 2 c. à soupe de farine tout usage non blanchie
- 75 g (⅓ tasse) de sucre
- 1 ½ c. à café de cannelle moulue
- ⅛ c. à café (⅛ c. à thé) de sel
- ½ c. à café (½ c. à thé) de levure chimique (poudre à lever)
- 120 g (4 oz) de fromage à la crème, défait en 4 morceaux à température ambiante
- 120 g (½ tasse) de beurre froid non salé, défait en morceaux de 2 cm (¾ po)
- 2 c. à soupe de crème sure ou aigre
- 1 ½ c. à café (1 ½ c. à thé) d'extrait de vanille
- 60 g (⅓ tasse) de raisins de Corinthe
- 45 g (¼ tasse) de raisins secs dorés
- 100 g (1 tasse) de noix, hachées finement
- 65 g (⅓ tasse) de canneberges fraîches ou décongelées, hachées grossièrement

GLAÇAGE

- 75 g (¾ tasse) de sucre semoule
- ¼ c. à café (¼ c. à thé) d'extrait de vanille
- 4 ou 5 c. à café (4 ou 5 c. à thé) d'eau

> ### NOTE
>
> On peut utiliser des canneberges séchées, mais les canneberges fraîches donnent de meilleurs résultats.

- Placer une grille au centre du four. Préchauffer le four à 180 °C (350 °F). Tapisser une plaque à pâtisserie de papier sulfurisé.

BISCUITS

- Dans un grand bol, à l'aide d'un batteur électrique à basse vitesse, combiner la farine, le sucre, la cannelle, le sel et la levure chimique. Ajouter le fromage à la crème et le beurre, et mélanger jusqu'à ce que la pâte se rassemble en grosses boules. Au besoin, racler les parois du bol. Ajouter la crème sure et la vanille et mélanger juste assez pour les incorporer au reste de la préparation, et jusqu'à obtention d'une pâte onctueuse. Incorporer les raisins de Corinthe, les raisins secs dorés, les noix et les canneberges.

- À l'aide d'une cuillère à crème glacée d'une capacité de 60 ml (¼ tasse), prélever des portions de pâte et les déposer sur la plaque en les espaçant d'environ 4 cm (1 ½ po). Vous pouvez aussi façonner en boule, à la main, chacune des portions de pâte de 60 ml (¼ tasse).

- Cuire jusqu'à ce que le dessous des biscuits soit légèrement brun et que le dessus soit ferme au toucher, environ 25 min. Laisser tiédir les biscuits sur la plaque pendant 5 min, puis, à l'aide d'une grande spatule de métal, les transférer sur une grille pour qu'ils refroidissent complètement.

GLAÇAGE

- Dans un petit bol, mélanger le sucre semoule et la vanille avec suffisamment d'eau pour former un glaçage épais mais suffisamment coulant pour se verser aisément. Napper de glaçage chacun des biscuits refroidis. Laisser reposer les biscuits à la température ambiante jusqu'à ce que le glaçage soit pris.

- Les biscuits peuvent se conserver jusqu'à 4 jours dans un contenant hermétique à la température ambiante.

Gigantesques biscuits moelleux au gingembre

Donne 14 biscuits · Préparation 15 min · Cuisson 180 °C (350 °F), sur deux plaques à pâtisserie, environ 14 min chacune

- Placer une grille au centre du four. Préchauffer le four à 180 °C (350 °F). Tapisser deux plaques à pâtisserie de papier sulfurisé.

- Dans un bol de grosseur moyenne, tamiser la farine, le bicarbonate de soude, le sel, la cannelle, le gingembre et les clous de girofle. Réserver. Dans un grand bol, au moyen d'un batteur électrique à vitesse moyenne, fouetter le beurre et la cassonade jusqu'à l'obtention d'un mélange onctueux, environ 1 min. Au besoin, racler les parois du bol. Ajouter l'œuf et la mélasse et battre jusqu'à ce que le tout soit bien mélangé et que la préparation soit d'une couleur brun pâle uniforme, environ 1 min. En battant à basse vitesse, ajouter le mélange de farine et remuer juste assez pour l'incorporer au reste de la préparation.

- Étaler une couche de sucre granulé sur une grande feuille de papier ciré ou sulfurisé. Façonner une portion de 60 ml (¼ tasse) de pâte entre les paumes des mains de façon à former une boule de 5 cm (2 po) de diamètre, puis rouler la boule dans le sucre et la déposer sur l'une des deux plaques à pâtisserie. Répéter la même opération pour le reste de la pâte, en espaçant les boules de 5 cm (2 po).

- Cuire les biscuits, une plaque à la fois, jusqu'à ce que le dessus soit ferme mais que les biscuits soient encore mous au centre, et jusqu'à ce que plusieurs grosses fissures apparaissent sur le dessus, environ 14 min. Laisser tiédir les biscuits sur les plaques pendant 5 min, puis, à l'aide d'une grande spatule en métal, les transférer sur une grille pour qu'ils refroidissent complètement.

- Les biscuits peuvent se conserver jusqu'à 4 jours dans un contenant hermétique à la température ambiante.

PRÉPARATION

- 340 g (2 ¼ tasses) de farine tout usage non blanchie
- 2 c. à café (2 c. à thé) de bicarbonate de soude
- ¼ c. à café (¼ c. à thé) de sel
- 1 c. à café (1 c. à thé) de cannelle moulue
- 1 c. à café (1 c. à thé) de gingembre moulu
- ½ c. à café (½ c. à thé) de clou de girofle moulu
- 180 g (¾ tasse) de beurre non salé à température ambiante
- 200 g (1 tasse) de cassonade ou de sucre roux, bien tassé
- 1 œuf de gros calibre
- 60 ml (¼ tasse) de mélasse
- 55 g (¼ tasse) de sucre granulé

NOTE

Le fait de rouler les biscuits dans le sucre avant la cuisson les rend particulièrement croustillants à l'extérieur, ce qui crée un agréable contraste avec leur intérieur tendre et moelleux.

Rochers au chocolat, au caramel et aux pacanes

Donne 12 biscuits · Préparation 20 min · Cuisson aucune

- Graisser légèrement une plaque à pâtisserie avec de l'huile et mettre de côté. Placer une grosse cuillère à proximité du plan de travail.

SAUCE AU CARAMEL

- Dans une casserole de grosseur moyenne, chauffer le beurre, la cassonade et le miel à feu moyen, en remuant souvent, jusqu'à ce que le beurre et la cassonade soient fondus. Augmenter la chaleur à moyenne-élevée et porter le mélange à ébullition. Laisser bouillir pendant exactement 2 ½ min, en remuant constamment. Bien racler les parois de la casserole pour éviter que le mélange ne brûle. Retirer du feu et ajouter les pacanes, en remuant pour bien les enrober de caramel, puis, à l'aide de la grosse cuillère, déposer immédiatement sur la plaque à pâtisserie de grosses cuillerées à soupe de mélange en les espaçant de 5 cm (2 po). Vous obtiendrez 12 rochers mesurant environ 7,5 x 6 cm (3 x 2 ½ po). Laisser refroidir complètement. (Lorsque les rochers sont refroidis, ils deviennent faciles à décoller de la plaque graissée.)

ENROBAGE AU CHOCOLAT

- Mettre le chocolat au lait et l'huile dans un bain-marie et cuire à feu doux. Remuer jusqu'à ce que le chocolat fonde et que la préparation soit lisse. Retirer de l'eau et laisser refroidir et épaissir légèrement, entre 15 et 20 min.

- Verser environ 2 c. à café (2 c. à thé) de chocolat fondu sur chaque biscuit (utiliser la totalité de l'enrobage au chocolat), en le laissant couler sur les côtés. Les rochers ne doivent pas être entièrement recouverts de chocolat. Laisser les rochers reposer à la température ambiante jusqu'à ce que l'enrobage au chocolat soit ferme, environ 1 h. Pour accélérer le processus de durcissement du chocolat, réfrigérer les biscuits environ 20 min.

- Les biscuits peuvent se conserver jusqu'à 3 jours au réfrigérateur, à couvert et disposés en rangées. Servir à la température ambiante. Les biscuits deviendront durs et friables lorsqu'ils seront froids, mais ramolliront une fois sortis du réfrigérateur.

SAUCE AU CARAMEL
- 180 g (¾ tasse) de beurre non salé, défait en morceaux
- 200 g (1 tasse) de cassonade ou de sucre roux, bien tassé
- 2 c. à soupe de miel
- 250 g (2 ½ tasses) de pacanes coupées en 2 ou hachées en gros morceaux

ENROBAGE AU CHOCOLAT
- 175 g (1 tasse) de pépites de chocolat au lait ou de chocolat au lait, haché
- 1 c. à soupe d'huile de canola (colza) ou de maïs

NOTE

Faites bouillir la sauce au caramel pendant 2 ½ min pour obtenir une consistance molle. Si vous ne la faites bouillir que 2 min, vous obtiendrez un caramel plus liquide et plus collant, et si vous prolongez la cuisson jusqu'à 3 min, votre caramel sera dur. Cette combinaison de beurre et de cassonade est une méthode infaillible pour concocter un excellent caramel mou qui pourra aussi faire office de sauce chaude à verser sur vos coupes glacées.

Pour un enrobage au chocolat noir plutôt qu'au chocolat au lait, faire fondre 180 g (1 tasse ou 6 oz) de pépites de chocolat mi-sucré avec l'huile.

- 190 g (1 ¼ tasse) de farine tout usage non blanchie
- 1 c. à café (1 c. à thé) de bicarbonate de soude
- ½ c. à café (½ c. à thé) de sel
- 120 g (½ tasse) de beurre non salé, fondu
- 220 g (1 tasse) de sucre
- 1 œuf de gros calibre
- 1 c. à café (1 c. à thé) d'extrait de vanille
- 2 c. à café (2 c. à thé) de rhum, de préférence brun
- 75 g (¾ tasse) de noix de macadam, hachées grossièrement
- 170 g (1 tasse) d'ananas séchés et sucrés (environ 4 tranches, ou 5 oz), coupés en morceaux de 6 à 12 mm (¼ à ½ po)

NOTE

Vous pouvez trouver de l'ananas séché et sucré en tranches ou en cubes dans les boutiques d'aliments naturels et, la plupart du temps, dans la section des produits naturels des supermarchés. J'utilise des noix de macadam salées, qui sont plus faciles à trouver que les noix non salées, mais j'enlève le sel qui se détache des noix quand je les hache. Ainsi, il vaut mieux transférer les noix hachées dans le verre gradué à l'aide d'une cuillère plutôt que les y faire glisser, pour que l'excédent de sel demeure sur la surface de travail.

Îlots à l'ananas et aux noix de macadam

Donne 10 biscuits · Préparation 15 min · Cuisson 180 °C (350 °F), sur deux plaques à pâtisserie, environ 14 min chacune

- Placer une grille au centre du four. Préchauffer le four à 180 °C (350 °F). Tapisser deux plaques à pâtisserie de papier sulfurisé.

- Dans un petit bol, mélanger la farine, le bicarbonate de soude et le sel. Réserver. Dans un grand bol, à l'aide d'une grosse cuillère, mélanger le beurre fondu et le sucre afin de bien les amalgamer. Le mélange aura une apparence granuleuse. Incorporer l'œuf, la vanille et le rhum, et mélanger jusqu'à ce que la préparation ait une consistance lisse et brillante. Incorporer le mélange de farine. Mélanger les noix de macadam et les morceaux d'ananas.

- À l'aide d'une cuillère à crème glacée ou d'une mesure d'une capacité de 60 ml (¼ tasse), prélever et déposer de petites cuillerées de pâte sur les plaques à pâtisserie, en les espaçant de 7,5 cm (3 po). Cuire les biscuits, une plaque à la fois, jusqu'à ce que le dessus soit légèrement doré, environ 14 min. Les biscuits vont gonfler lors de la cuisson, puis s'affaisser légèrement juste avant d'être cuits à point. Laisser tiédir les biscuits sur la plaque à pâtisserie pendant 5 min, puis, à l'aide d'une grande spatule de métal, les transférer sur une grille pour qu'ils refroidissent complètement.

- Les biscuits peuvent se conserver jusqu'à 3 jours dans un contenant hermétique à la température ambiante.

BISCUITS

- 230 g (2 ²/₃ tasses) de noix de coco, râpée et sucrée
- 125 ml (¹/₂ tasse) de lait concentré sucré
- ¹/₈ c. à café (¹/₈ c. à thé) de sel
- 1 ¹/₂ c. à café (1 ¹/₂ c. à thé) d'extrait d'amande
- ¹/₂ c. à café (¹/₂ c. à thé) d'extrait de vanille
- 1 gros blanc d'œuf
- Une pincée de crème de tartre
- 1 c. à soupe de sucre

ENROBAGE AU CHOCOLAT

- 270 g (9 oz) de chocolat mi-sucré, haché
- 1 c. à soupe d'huile de canola (colza) ou de maïs

NOTE

Le fait de tremper la base des biscuits dans du chocolat fondu constitue une opération simple qui donne belle apparence aux macarons. Pour obtenir un enrobage ferme et lustré, il faut faire fondre le chocolat avec un soupçon d'huile végétale. Les macarons à la noix de coco peuvent être servis froids ou à la température ambiante.

Vous pourrez garder l'enrobage chocolaté restant pour un autre usage, par exemple, le verser sur de la crème glacée.

Macarons géants à la noix de coco

Donne 9 biscuits · Préparation 25 min · Cuisson 180 °C (350 °F), environ 17 min

- Placer une grille au centre du four. Préchauffer le four à 180 °C (350 °F). Tapisser une plaque à pâtisserie de papier sulfurisé et beurrer le papier.

BISCUITS

- Dans un grand bol, mélanger à la fourchette, la noix de coco râpée, le lait concentré, le sel, l'extrait d'amande et la vanille. Réserver. Dans un bol de grosseur moyenne, fouetter le blanc d'œuf et la crème de tartre jusqu'à ce que la crème de tartre soit dissoute. Battre le mélange à vitesse moyenne-élevée, jusqu'à la formation de pics mous. Ajouter le sucre en fouettant. À l'aide d'une spatule, plier la moitié du blanc d'œuf battu dans le mélange, puis répéter avec le reste du blanc d'œuf.

- À l'aide d'une cuillère à crème glacée ou d'une mesure d'une capacité de 60 ml (¼ tasse), prélever des portions de mélange et les déposer sur la plaque à pâtisserie, en les espaçant de 5 cm (2 po).

- Cuire jusqu'à ce que le dessous des biscuits et les brins de noix de coco soient légèrement bruns, environ 17 min. Laisser tiédir sur la plaque à pâtisserie pendant 5 min, puis à l'aide d'une spatule, les transférer sur une grille pour qu'ils refroidissent complètement.

ENROBAGE AU CHOCOLAT

- Mettre le chocolat et l'huile dans un bain-marie et cuire à feu doux. Remuer jusqu'à ce que le chocolat fonde et que la préparation soit lisse. Retirer de l'eau et laisser le mélange refroidir et épaissir légèrement, environ 10 min.

- Transférer le mélange dans un petit bol. Tremper la base de chacun des macarons dans le chocolat et les poser à l'envers ou sur le côté sur une grille. Les laisser reposer à la température ambiante jusqu'à durcissement, environ 1 h. Pour accélérer le processus, réfrigérez les macarons sur la grille environ 15 min. Servir froid ou à la température ambiante.

- Les biscuits peuvent se conserver jusqu'à 5 jours au réfrigérateur dans un contenant fermé.

Biscuits noir et blanc

Donne 9 biscuits · Préparation 30 min ·
Cuisson 180 °C (350 °F), environ 14 min

- Placer une grille au centre du four. Préchauffer le four à 180 °C (350 °F). Tapisser une plaque à pâtisserie de papier sulfurisé et beurrer le papier.

BISCUITS

- Dans un bol de grosseur moyenne, tamiser la farine, la levure chimique, le bicarbonate de soude et le sel. Réserver. Dans un grand bol, à l'aide d'un batteur électrique à vitesse moyenne, fouetter le beurre, le sucre et le zeste de citron jusqu'à obtention d'un mélange onctueux et légèrement plus pâle qu'au départ, environ 1 min. Au besoin, racler les parois du bol. Ajouter les œufs, la vanille et l'extrait d'amande et bien mélanger, environ 1 min. En battant à basse vitesse, incorporer la moitié du mélange de farine et remuer juste assez pour l'incorporer au reste de la préparation. Ajouter le babeurre et mélanger jusqu'à homogénéité. Incorporer le reste du mélange de farine.

- À l'aide d'une cuillère à crème glacée ou d'une mesure d'une capacité de 60 ml (¼ tasse), prélever des portions de pâte et les déposer sur la plaque à pâtisserie, en les espaçant d'au moins 6 cm (2 ½ po). Cuire les biscuits jusqu'à ce que les bords et le dessous soient légèrement bruns et qu'un cure-dents inséré au centre en ressorte propre, environ 14 min. Laisser tiédir sur la plaque à pâtisserie pendant 5 min, puis, à l'aide d'une spatule, les transférer sur une grille pour qu'ils refroidissent complètement.

GLAÇAGE AU CHOCOLAT

- Dans une casserole de grosseur moyenne, chauffer la crème, le beurre et le sirop de maïs à feu moyen jusqu'à ce que le mélange soit chaud et le beurre fondu; ne pas porter à ébullition. Retirer la casserole du feu et ajouter le chocolat. Laisser fondre le chocolat environ 30 sec, puis remuer jusqu'à consistance lisse. Laisser refroidir le glaçage jusqu'à ce qu'il soit suffisamment épais pour bien adhérer aux biscuits, environ 30 min.

BISCUITS

- 265 g (1 ¾ tasse) de farine tout usage non blanchie
- ½ c. à café (½ c. à thé) de levure chimique (poudre à lever)
- ½ c. à café (½ c. à thé) de bicarbonate de soude
- ¼ c. à café (¼ c. à thé) de sel
- 120 g (½ tasse) de beurre non salé à température ambiante
- 165 g (¾ tasse) de sucre
- 1 c. à café (1 c. à thé) de zeste de citron, finement râpé
- 2 œufs de gros calibre
- 1 c. à café (1 c. à thé) d'extrait de vanille
- ¼ c. à café (¼ c. à thé) d'extrait d'amande
- 125 ml (½ tasse) de babeurre (n'importe quel pourcentage de gras fera l'affaire)

GLAÇAGE AU CHOCOLAT

- 80 ml (⅓ tasse) de crème épaisse (à fouetter)
- 4 c. à soupe de beurre non salé, défait en morceaux
- 3 c. à soupe de sirop de maïs clair
- 175 g (1 tasse) de pépites de chocolat ou de chocolat mi-sucré, haché

suite à la page 46

Biscuits noir et blanc (suite)

4 portions

GLAÇAGE BLANC

GLAÇAGE BLANC
- 200 g (2 tasses) de sucre semoule
- 3 c. à soupe plus 2 c. à café (2 c. à thé) d'eau chaude, au besoin
- 1 c. à café (1 c. à thé) de sirop de maïs
- ¼ c. à café (¼ c. à thé) d'extrait d'amande

- Lorsque tout est prêt pour le glaçage des biscuits, mélanger dans un bol de grosseur moyenne le sucre semoule, 3 c. à soupe d'eau chaude, le sirop de maïs et l'extrait d'amande, jusqu'à obtention d'un glaçage épais, lisse et fluide. Au besoin, ajouter de l'eau chaude, 1 c. à café (1 c. à thé) à la fois, jusqu'à la consistance désirée.

- Retourner les biscuits de façon à ce que le côté plat se trouve sur le dessus. Déposer environ 1 c. à soupe de glaçage blanc par biscuit et utiliser le dos de la cuillère pour étaler le glaçage uniformément sur la moitié de la surface. (Si le glaçage est trop épais, ajouter quelques gouttes d'eau.) Déposer 1 c. à soupe comble de glaçage au chocolat sur l'autre moitié des biscuits, et l'étaler uniformément sur la surface. Il se peut que du glaçage s'écoule sur les côtés des biscuits, ce qui ne pose aucun problème. (À la fin de l'opération, il vous restera environ 3 c. à soupe de glaçage au chocolat, que vous pourrez conserver pour un autre usage.) Réfrigérer les biscuits pour que le glaçage prenne.

- Envelopper chaque biscuit dans de la pellicule plastique et réfrigérer. Servir froid ou à la température ambiante. Les biscuits peuvent se conserver jusqu'à 3 jours au réfrigérateur.

VARIANTE

- Substituez 1 c. à café (1 c. à thé) de zeste d'orange finement râpé au zeste de citron.

NOTE

Ces biscuits réunissent en quelque sorte tout ce qu'il y a de meilleur dans un petit gâteau, c'est-à-dire le dessus arrondi et le glaçage. Tendres et moelleux, ils se dilatent à la cuisson et prennent une forme légèrement bombée. Une fois cuits, on les retourne à l'envers de façon à appliquer le glaçage sur le côté plat. Une moitié de cette surface est enduite de glaçage au chocolat, et l'autre de glaçage blanc. Même si ce biscuit nécessite la préparation de deux glaçages, ceux-ci sont très faciles à confectionner.

Biscuits gloire du matin pour le petit-déjeuner

Donne 20 biscuits   Préparation 20 min   Cuisson 180 °C (350 °F),
sur deux plaques à pâtisserie, environ 20 min chacune

- 415 g (2 ¾ tasses) de farine tout usage non blanchie
- 1 c. à café (1 c. à thé) de levure chimique (poudre à lever)
- ¼ c. à café (¼ c. à thé) de sel
- 1 c. à café (1 c. à thé) de cannelle moulue
- 180 g (¾ tasse) de beurre non salé à température ambiante
- 385 g (1 ¾ tasse) de sucre granulé
- 1 c. à café (1 c. à thé) de zeste d'orange finement râpé
- 2 œufs de gros calibre
- 2 c. à café (2 c. à thé) d'extrait de vanille
- 90 g (1 tasse) de carottes, épluchées et finement râpées ou hachées (2 ou 3 carottes)
- 90 g (¾ tasse) de pomme, pelée et râpée (1 pomme)
- 180 g (1 tasse) de raisins secs
- 60 g (½ tasse) de noix de coco râpée et sucrée
- 100 g (1 tasse) de noix, hachées grossièrement

- Sucre semoule pour la décoration (facultatif)

- Placer une grille au centre du four. Préchauffer le four à 180 °C (350 °F). Tapisser deux plaques à pâtisserie de papier sulfurisé.

- Dans un bol de grosseur moyenne, tamiser la farine, la levure chimique, le sel et la cannelle. Réserver. Dans un grand bol, à l'aide d'un batteur électrique à vitesse moyenne, fouetter le beurre, le sucre et le zeste d'orange jusqu'à obtention d'un mélange onctueux, environ 1 min. Au besoin, racler les parois du bol. Ajouter les œufs et la vanille et mélanger jusqu'à ce que le tout soit bien amalgamé, environ 1 min. Ajouter les carottes, la pomme, les raisins secs, la noix de coco et les noix. La pâte deviendra très liquide en raison de l'humidité des carottes et des morceaux de pomme. En battant à basse vitesse, ajouter le mélange de farine et remuer juste assez pour l'incorporer au reste de la préparation. La pâte sera alors molle et collante.

- À l'aide d'une cuillère à crème glacée, de préférence, ou d'une mesure d'une capacité de 60 ml (¼ tasse), prélever des portions de pâte et les déposer sur les plaques à pâtisserie, en les espaçant d'au moins 6 cm (2 ½ po). Cuire les biscuits, une plaque à la fois, jusqu'à ce que le dessous soit brun, que le dessus soit doré mais ferme et qu'un cure-dents inséré au centre en ressorte propre, environ 20 min. Laisser tiédir les biscuits sur la plaque à pâtisserie pendant 5 min, puis, à l'aide d'une grande spatule en métal, les transférer sur une grille pour qu'ils refroidissent complètement.

- Saupoudrer les biscuits de sucre semoule, au goût. Les biscuits peuvent se conserver jusqu'à 4 jours dans un contenant hermétique à la température ambiante.

NOTE

Comme la pâte de ces biscuits tendres est plutôt collante, il vaut mieux employer une cuillère à crème glacée pour la prélever et former les biscuits.

LES GÉANTS CROUSTILLANTS

Des croquants au beurre jusqu'aux sablés en passant par les tranches de biscuits recouvertes d'arachides, il existe plusieurs sortes de biscuits croustillants. L'obtention d'une texture croustillante dépend de plusieurs facteurs : les ingrédients et leurs proportions, le temps de cuisson et les ajouts comme les noix, la noix de coco grillée, le sucre fondu ou le caramel au beurre. Certains de ces biscuits sont croustillants en dehors comme en dedans, tandis que d'autres présentent un centre mou ou contiennent de tendres morceaux de fruits.

Les ingrédients jouent tous un rôle précis pour conférer aux biscuits leur texture croustillante. Étant donné que la farine absorbe l'humidité, on peut rendre les biscuits plus croustillants en augmentant la quantité de cet ingrédient, mais attention : un excès de farine risque de produire des biscuits trop secs. Il faut en ajouter juste assez pour donner aux biscuits une consistance parfaitement croustillante tout en évitant qu'ils ne soient durs comme de la « roche ». Le sucre contribue lui aussi à créer une texture croustillante, le sucre blanc étant plus efficace que le brun, qui est légèrement plus humide. Certains des biscuits présentés dans cette section comprennent plusieurs types de sucres, le blanc pour la consistance croustillante et le brun pour la saveur. Le shortening végétal donne des biscuits plus croustillants que le beurre. En combinant les deux, on obtient un biscuit qui possède à la fois une texture croustillante et un bon goût de beurre. J'ai également découvert qu'en utilisant du beurre fondu dans les pâtes à biscuits aux pépites de chocolat, j'obtenais des biscuits plus croustillants.

Comme la cuisson est en partie un processus de séchage, plus un biscuit reste au four longtemps, plus il devient croustillant. Bien sûr, il faut s'assurer de ne pas faire cuire les biscuits trop longtemps, au risque de les brûler. Les biscottis constituent un bon exemple. Ils sont en fait cuits deux fois, pendant une durée prolongée, mais à basse température.

Disposer en tas à la cuillère, étaler et abaisser sont autant de verbes qui se rapportent à des méthodes servant à former les biscuits. Certains biscuits croustillants sont formés à la cuillère. Dans deux des recettes de la section qui suit, la pâte est étalée en grandes plaques irrégulières et cuite, puis, une fois refroidie, brisée pour former de l'écorce ou des biscuits croquants. Dans le cas des sablés au beurre en forme de cœur et des biscuits festifs au sucre, la pâte est abaissée et découpée en plusieurs formes différentes. Ces formes ne sont limitées que par les emporte-pièces que vous avez à votre disposition et votre imagination. Dans d'autres cas, la pâte est façonnée en boules, lesquelles sont parfois aplaties pour former de petits disques. Il existe une autre méthode consistant à façonner des bûches ou des pains de pâte qui sont ensuite tranchés et cuits. Cette méthode permet d'obtenir rapidement une grande quantité de biscuits. De plus, les bûches de pâte peuvent être conservées au congélateur ; vous pouvez ensuite les décongeler, les trancher et les faire cuire quand le cœur vous en dit.

Montagnes aux brisures de chocolat

Donne 23 biscuits • Préparation 20 min • Cuisson 180 °C (350 °F),
sur deux plaques à pâtisserie, environ 10 min chacune

- Placer une grille au centre du four. Préchauffer le four à 180 °C (350 °F). Tapisser deux plaques à pâtisserie de papier sulfurisé.

- Cuire le chocolat non sucré au bain-marie à feu doux. Remuer jusqu'à ce que le chocolat fonde et que la préparation soit lisse. Retirer de l'eau et mettre de côté pour que la préparation refroidisse légèrement.

- Dans un bol de grosseur moyenne, tamiser la farine, la crème de tartre, le bicarbonate de soude et le sel. Réserver. Dans un grand bol, à l'aide d'un batteur électrique à basse vitesse, fouetter le beurre, le shortening végétal, le sucre granulé et la cassonade jusqu'à obtention d'un mélange onctueux, environ 1 min. Au besoin, racler les parois du bol. Incorporer le chocolat fondu. Ajouter les œufs, la vanille et le café dissous et bien mélanger, environ 1 min. Ajouter le mélange de farine et remuer juste assez pour l'incorporer au reste de la préparation. Ajouter les noix et les morceaux de chocolat.

- À l'aide d'une cuillère à crème glacée ou d'une mesure d'une capacité de 60 ml (¼ tasse), prélever des portions de pâte et les rouler entre les paumes des mains pour former des boulettes aux contours lisses. Disposer les boulettes sur les plaques à pâtisserie en les espaçant de 5 cm (2 po).

- Cuire les biscuits, une plaque à la fois, pendant 10 min. L'extérieur doit perdre son apparence lustrée, le dessus être ferme au toucher et l'intérieur rester mou. Les biscuits durciront en refroidissant.

- Laisser tiédir pendant 15 min sur les plaques, puis, à l'aide d'une grande spatule en métal, les transférer sur une grille pour qu'ils refroidissent complètement. Le chocolat mettra au moins 4 h à durcir. Si vous laissez refroidir les biscuits jusqu'au lendemain, placez-les sur une assiette et recouvrez-les. Ils sont meilleurs le lendemain.

- Les biscuits peuvent se conserver jusqu'à 4 jours dans un contenant hermétique à la température ambiante.

Ingrédients

- 90 g (3 oz) de chocolat non sucré, haché
- 415 g (2 ¾ tasses) de farine tout usage non blanchie
- 2 c. à café (2 c. à thé) de crème de tartre
- 1 c. à café (1 c. à thé) de bicarbonate de soude
- ¼ c. à café (¼ c. à thé) de sel
- 120 g (½ tasse) de beurre non salé à la température ambiante
- 120 g (½ tasse) de shortening végétal
- 220 g (1 tasse) de sucre granulé
- 100 g (½ tasse) de cassonade ou de sucre roux, bien tassé
- 2 œufs de gros calibre
- 2 c. à café (2 c. à thé) d'extrait de vanille
- 1 c. à café (1 c. à thé) de café instantané, dissous dans 2 c. à café (2 c. à thé) d'eau
- 100 g (1 tasse) de noix, hachées grossièrement
- 525 g (3 tasses) de brisures de chocolat mi-sucré ou de chocolat mi-sucré, haché

NOTE

Tout comme les pépites de chocolat, les brisures de chocolat mi-sucré se trouvent dans la section des produits de cuisson des supermarchés. Ils se vendent en sacs de 375 g (13 oz), qui contiennent environ 500 ml (2 tasses) de brisures de chocolat. Vous pouvez aussi hacher une tablette de chocolat mi-sucré en morceaux de 6 à 12 mm (entre ¼ et ½ po). En faisant cuire la pâte pendant exactement 10 min, vous obtiendrez des biscuits fermes à l'extérieur et tendres à l'intérieur.

- 300 g (2 tasses) de farine tout usage
  non blanchie
- 1 c. à café (1 c. à thé) de bicarbonate
  de soude
- ¾ c. à café (¾ c. à thé) de sel
- 240 g (1 tasse) de beurre non salé, fondu
  puis légèrement refroidi
- 165 g (¾ tasse) de sucre granulé
- 150 g (¾ tasse) de cassonade ou
  de sucre roux, bien tassé
- 1 c. à café (1 c. à thé) d'extrait de vanille
- 3 c. à soupe d'eau
- 350 g (2 tasses) de pépites de chocolat
  mi-sucré
- 100 g (1 tasse) de noix ou de pacanes,
  hachées grossièrement (facultatif)

- Placer une grille au centre du four. Préchauffer le four à 180 °C (350 °F).
Tapisser deux plaques à pâtisserie de papier sulfurisé.

- Dans un bol de grosseur moyenne, tamiser la farine, le bicarbonate de
soude et le sel. Réserver. Dans un grand bol, à l'aide d'un batteur électrique
à basse vitesse, battre le beurre fondu, le sucre, la cassonade et la vanille
jusqu'à obtention d'un mélange onctueux, environ 30 sec. Au besoin, racler
les parois du bol. Ajouter le mélange de farine et remuer juste assez pour
l'incorporer au reste de la préparation. La pâte aura alors une apparence
grumeleuse. Incorporer l'eau. La pâte deviendra crémeuse et lisse. Ajouter
les pépites de chocolat et les noix, au goût.

- À l'aide d'une cuillère à crème glacée ou d'une mesure d'une capacité de
60 ml (¼ tasse), prélever des portions de pâte et les déposer sur les plaques
à pâtisserie en les espaçant d'au moins 7,5 cm (3 po). Presser légèrement
sur les boules de pâte pour les aplatir jusqu'à une épaisseur d'environ 2 cm
(¾ po).

- Cuire les biscuits, une plaque à la fois, jusqu'à ce que le dessus prenne
une coloration brun pâle uniforme et soit légèrement craquelé, environ
17 min. Laisser tiédir les biscuits pendant 5 min sur les plaques, puis, à
l'aide d'une grande spatule en métal, les transférer sur une grille pour qu'ils
refroidissent complètement.

- Les biscuits peuvent se conserver jusqu'à 4 jours dans un contenant
hermétique à la température ambiante

NOTE

Deux ingrédients ou, en fait, l'absence
d'un ingrédient contribue à créer la
consistance croustillante de ces
biscuits : le beurre est fondu plutôt
que ramolli, et la pâte ne contient
pas d'œuf.

Écorce au chocolat et aux éclats de menthe poivrée

PÂTE À BISCUIT

- 225 g (1 ½ tasse) de farine tout usage non blanchie
- ¾ c. à café (¾ c. à thé) de bicarbonate de soude
- ¾ c. à café (¾ c. à thé) de sel
- 50 g (½ tasse) de poudre de cacao alcalinisée non sucrée
- 240 g (1 tasse) de beurre non salé, fondu puis légèrement refroidi
- 165 g (¾ tasse) de sucre granulé
- 100 g (½ tasse) de cassonade ou de sucre roux, bien tassé
- 2 c. à soupe d'eau
- 2 c. à café (2 c. à thé) d'extrait de vanille
- 260 g (1 ½ tasse) de pépites de chocolat mi-sucré

GARNITURE

- 260 g (1 ½ tasse) de pépites de chocolat mi-sucré
- 150 g (¾ tasse) de bonbons à la menthe poivrée, broyés en petits morceaux (à l'aide d'un rouleau à pâtisserie)

PRÉPARATION Donne environ 24 biscuits de forme irrégulière de 12,5 à 15 cm (5 à 6 po) de longueur · Préparation 25 min · Cuisson 180 °C (350 °F), sur deux plaques à pâtisserie, environ 14 min chacune

- Placer une grille au centre du four. Préchauffer le four à 180 °C (350 °F). Préparer deux plaques à pâtisserie.

BISCUITS

- Dans un bol de grosseur moyenne, mélanger la farine, le bicarbonate de soude et le sel. Tamiser la poudre de cacao dans le mélange de farine et réserver.

- Dans un grand bol, fouetter à basse vitesse le beurre fondu, le sucre, la cassonade, l'eau et la vanille jusqu'à obtention d'un mélange onctueux, environ 30 sec. Racler les parois du bol au besoin. Ajouter le mélange de farine et remuer juste assez pour que la pâte soit homogène. Ajouter les pépites de chocolat.

- Utiliser une spatule en métal pour étaler la moitié de la pâte sur une plaque à pâtisserie de manière à former un rectangle de 20 x 28 cm (8 x 11 po) et de 6 mm (¼ po) d'épaisseur. Laisser un espace de 7,5 cm (3 po) tout autour. Utiliser les paumes des mains pour uniformiser l'épaisseur. Répéter l'opération avec le reste de la pâte sur la deuxième plaque à pâtisserie.

- Cuire les biscuits, une plaque à la fois, jusqu'à ce que le dessus ne soit pas luisant et soit aussi ferme au toucher au centre que sur le pourtour, environ 14 min.

GARNITURE

- Dès la sortie du four, répartir 130 g (¾ tasse) de pépites de chocolat sur chaque biscuit. Laisser le chocolat fondre pendant 5 min, puis, à l'aide d'une spatule, étendre le chocolat fondu sur le biscuit, de manière à le recouvrir presque complètement. Pendant que le chocolat est encore chaud, saupoudrer uniformément la moitié du bonbon à la menthe poivrée sur chaque biscuit.

- Laisser le biscuit refroidir sur la plaque déposée sur une grille jusqu'à ce qu'il prenne, soit environ 2 h ou laisser tiédir le biscuit sur la plaque environ 30 min, puis le mettre au réfrigérateur. Lorsque la garniture est ferme, le retirer du réfrigérateur. Le biscuit deviendra croustillant en refroidissant.

- Briser chaque plaque de biscuit en 12 morceaux irréguliers de 12,5 à 15 cm (5 à 6 po) de longueur. Les biscuits peuvent se conserver, disposés en rangées séparées par une feuille de papier ciré, jusqu'à 5 jours dans un contenant hermétique à la température ambiante.

Biscuits croquants au caramel au beurre

Donne environ 12 biscuits de forme irrégulière de 10 à 12,5 cm (4 à 5 po) de longueur · Préparation 15 min · Cuisson 180 °C (350 °F), environ 19 min

- Placer une grille au centre du four. Préchauffer le four à 180 °C (350 °F). Tapisser une plaque à pâtisserie de papier sulfurisé.

- Dans un bol de grosseur moyenne, mélanger la farine, le bicarbonate de soude et le sel. Réserver. Dans un grand bol, fouetter à la main le beurre fondu, le sucre granulé, la cassonade et la vanille jusqu'à obtention d'un mélange onctueux, environ 30 sec. À l'aide d'une grosse cuillère, incorporer le mélange de farine. La pâte devrait avoir une consistance crémeuse. Ajouter le caramel au beurre broyé et les noix. La pâte aura une apparence grumeleuse.

- Prélever la pâte à la cuillère et l'étaler sur la plaque à pâtisserie. Laisser un espace de 2,5 à 4 cm (1 à 1 ½ po) autour de la pâte. Façonner la pâte en un rectangle mesurant environ 20 X 32 cm (8 X 13 po) de largeur et de 12 mm (½ po) d'épaisseur. À l'aide des paumes des mains, uniformiser l'épaisseur du rectangle.

- Cuire le biscuit jusqu'à ce que le dessus soit ferme au toucher et bien doré et que les bords soient brun pâle, environ 19 min. Laisser le biscuit tiédir sur la plaque pendant 10 min, puis, à l'aide d'une grande spatule en métal, le faire glisser sur une grille pour qu'il refroidisse complètement. (Ne vous en faites pas si le biscuit se brise, car il faudra de toute façon le défaire en morceaux lorsqu'il sera refroidi.) Le biscuit deviendra croustillant en refroidissant.

- Briser le biscuit en morceaux de 10 à 12,5 cm (4 à 5 po) de longueur. Les biscuits peuvent se conserver jusqu'à 4 jours dans un contenant hermétique à la température ambiante.

- 225 g (1 ½ tasse) de farine tout usage non blanchie
- ½ c. à café (½ c. à thé) de bicarbonate de soude
- ½ c. à café (½ c. à thé) de sel
- 180 g (¾ tasse) de beurre non salé, fondu puis légèrement refroidi
- 110 g (½ tasse) de sucre granulé
- 65 g (⅓ tasse) de cassonade ou de sucre roux, bien tassé
- 1 c. à café (1 c. à thé) d'extrait de vanille
- 210 g (7 oz) de caramel croquant recouvert de chocolat, broyé
- 100 g (1 tasse) de noix, hachées en gros morceaux

NOTE

Pas de doute, ces biscuits sont croustillants à souhait. Ils sont constitués de caramel au beurre broyé, de gros morceaux de noix et d'une pâte croquante à base de cassonade qui fait tenir toutes ces bonnes choses ensemble. Pour éviter de retrouver des éclats de caramel au beurre un peu partout dans votre cuisine, laissez les friandises dans leur emballage lorsque vous les brisez en morceaux à l'aide d'un marteau ou d'un attendrisseur à viande.

- 415 g (2 ¾ tasses) de farine à gâteau
- ½ c. à café (½ c. à thé) de levure chimique (poudre à lever)
- ¼ c. à café (¼ c. à thé) de sel
- 360 g (1 ½ tasse) de beurre non salé à température ambiante
- 220 g (1 tasse) de sucre
- 3 jaunes d'œufs de gros calibre
- 2 c. à café (2 c. à thé) d'extrait de vanille
- ¼ c. à café (¼ c. à thé) d'extrait d'amande
- 18 amandes entières non mondées (avec la peau) ou moitiés de pacanes ou de noix (facultatif)

NOTE

La farine à gâteau est l'ingrédient secret qui donne à ces biscuits leur texture particulièrement moelleuse, et c'est la généreuse quantité de beurre et de vanille qui leur confère leur goût si riche. Laissez le dessous et les bords de ces biscuits brunir légèrement pour leur permettre d'acquérir un bon goût de beurre doré. Au supermarché, recherchez la farine à gâteau non préparée (sans levure).

Biscuits ronds à la vanille et au beurre

- Dans un bol de grosseur moyenne, tamiser la farine à gâteau, la levure chimique et le sel. Réserver. Dans un grand bol, à l'aide d'un batteur électrique à vitesse moyenne, fouetter le beurre et le sucre jusqu'à obtention d'un mélange plus pâle qu'au départ et mousseux, environ 2 min. Au besoin, racler les parois du bol. Ajouter les jaunes d'œufs, la vanille et l'extrait d'amande et bien mélanger, environ 1 min. En battant à basse vitesse, ajouter le mélange de farine et remuer juste assez pour que le mélange soit homogène. La pâte sera alors molle et collante. Couvrir le bol avec une pellicule plastique et réfrigérer jusqu'à ce que la pâte soit froide et suffisamment ferme pour pouvoir la rouler entre les paumes des mains sans qu'elle colle, environ 1 h.

- Placer une grille au centre du four. Préchauffer le four à 160 °C (325 °F). Tapisser deux plaques à pâtisserie de papier sulfurisé.

- À l'aide d'une cuillère à crème glacée ou d'une mesure d'une capacité de 60 ml (¼ tasse), prélever des portions de pâte. Rouler chacune des portions entre les paumes des mains pour former une boule lisse. Aplatir chaque boule en un disque de 7,5 cm (3 po) de diamètre et placer les biscuits ainsi obtenus sur les plaques à pâtisserie en les espaçant de 5 cm (2 po). Si désiré, presser une noix au centre de chaque biscuit.

- Cuire les biscuits, une plaque à la fois, jusqu'à ce que les bords soient légèrement bruns, environ 22 min. Laisser tiédir les biscuits sur les plaques à pâtisserie pendant 5 min, puis, à l'aide d'une grande spatule en métal, les transférer sur une grille pour qu'ils refroidissent complètement.

- Les biscuits peuvent se conserver jusqu'à 5 jours dans un contenant hermétique à la température ambiante.

Biscuits au chocolat et au beurre d'arachide

Donne 20 biscuits · Préparation 20 min · Cuisson 160 °C (325 °F), sur deux plaques à pâtisserie, environ 18 min chacune

- Placer une grille au centre du four. Préchauffer le four à 160 °C (325 °F). Tapisser deux plaques à pâtisserie de papier sulfurisé.

- Dans un bol de grosseur moyenne, tamiser la farine, le bicarbonate de soude et le sel. Réserver. Dans un grand bol, à l'aide d'un batteur électrique à vitesse moyenne, fouetter le beurre, le shortening végétal, le beurre d'arachide, la cassonade et le sucre granulé jusqu'à ce que le mélange soit homogène et légèrement plus pâle qu'au départ, environ 1 min. Au besoin, racler les parois du bol. Incorporer l'œuf et la vanille en mélangeant environ 1 min. En battant à basse vitesse, ajouter le mélange de farine et remuer juste assez pour l'incorporer au reste de la préparation. La pâte sera alors lisse et onctueuse. À l'aide d'une grosse cuillère, incorporer les morceaux de chocolat au beurre d'arachide.

- Déposer des cuillerées à soupe combles (équivalant chacune à environ 3 c. à soupe rases) de pâte sur les plaques à pâtisserie en les espaçant de 7,5 cm (3 po). Cuire les biscuits, une plaque à la fois, jusqu'à ce que le dessus soit ferme au toucher et parcouru de plusieurs petites craquelures, environ 18 min. Laisser tiédir les biscuits sur les plaques pendant 5 min, puis, à l'aide d'une grande spatule en métal, les transférer sur une grille pour qu'ils refroidissent complètement.

- Les biscuits peuvent se conserver jusqu'à 4 jours dans un contenant hermétique à la température ambiante.

- 150 g (1 tasse) de farine tout usage non blanchie
- 1/2 c. à café (1/2 c. à thé) de bicarbonate de soude
- 1/8 c. à café (1/8 c. à thé) de sel
- 60 g (1/4 tasse) de beurre non salé à température ambiante
- 60 g (1/4 tasse) de shortening végétal
- 180 g (3/4 tasse) de beurre d'arachide crémeux à la température ambiante
- 100 g (1/2 tasse) de cassonade ou de sucre roux, bien tassé
- 75 g (1/3 tasse) de sucre granulé
- 1 œuf de gros calibre
- 1 c. à café (1 c. à thé) d'extrait de vanille
- 270 g (9 oz) de barres de chocolat au beurre d'arachide, brisées en morceaux de 12 mm à 2 cm (1/2 à 3/4 po)

NOTE

Les fabricants de crème glacée ont souvent la bonne idée d'ajouter à leur produit diverses friandises ou morceaux de biscuits, pour le plus grand plaisir des consommateurs. Inspirés de cette excellente idée, ces biscuits sont constitués de morceaux de chocolat au beurre d'arachide (sucrerie offerte dans le commerce) mélangés à une pâte à base de beurre d'arachide.

Soucoupes aux cerises, aux noix de cajou et au chocolat blanc

- 190 g (1 ¼ tasse) de farine tout usage non blanchie
- ½ c. à café (½ c. à thé) de bicarbonate de soude
- ¼ c. à café (¼ c. à thé) de sel
- 180 g (¾ tasse) de beurre non salé à la température ambiante
- 110 g (½ tasse) de sucre granulé
- 100 g (½ tasse) de cassonade ou de sucre roux, bien tassé
- 1 œuf de gros calibre
- 1 c. à soupe de jus de citron frais
- 1 c. à café (1 c. à thé) d'extrait de vanille
- ¾ c. à café (¾ c. à thé) d'extrait d'amande
- 115 g (¾ tasse) de cerises séchées
- 100 g (1 tasse) de noix de cajou en moitiés, non salées et grillées
- 120 g (4 oz) de chocolat blanc, en morceaux de 6 à 12 mm (¼ à ½ po)

NOTE

Bien des biscuits voient leur saveur rehaussée par l'ajout de fruits, de noix ou de chocolat, mais avec ces biscuits, c'est la totale, car ils comprennent ces trois ingrédients à la fois. La recette prévoit des morceaux de chocolat blanc, mais vous pouvez utiliser des pépites de chocolat. Lisez l'étiquette et assurez-vous de bien y lire l'indication « 100 % pur ». Vous saurez ainsi que vous achetez du vrai chocolat blanc contenant du beurre de cacao.

- Placer une grille au centre du four. Préchauffer le four à 180 °C (350 °F). Tapisser deux plaques à pâtisserie de papier sulfurisé.

- Dans un bol de grosseur moyenne, tamiser la farine, le bicarbonate de soude et le sel. Réserver. Dans un grand bol, à l'aide d'un batteur électrique à vitesse moyenne, fouetter le beurre, le sucre granulé et la cassonade jusqu'à obtention d'un mélange onctueux, environ 1 min. Au besoin, racler les parois du bol. Ajouter l'œuf, le jus de citron, la vanille et l'extrait d'amande et bien mélanger, environ 1 min. Le mélange aura une apparence caillée. En battant à basse vitesse, ajouter le mélange de farine et remuer juste assez pour l'incorporer au reste de la préparation et jusqu'à ce que la pâte ait repris sa consistance onctueuse. Ajouter les cerises, les noix de cajou et le chocolat blanc.

- À l'aide d'une cuillère à crème glacée ou d'une mesure d'une capacité de 60 ml (¼ tasse), prélever des portions de pâte et les déposer sur les plaques à pâtisserie, en les espaçant de 7,5 cm (3 po). Cuire les biscuits, une plaque à la fois, jusqu'à ce que les bords soient brun pâle et que le centre soit légèrement doré, environ 14 min. Laisser tiédir les biscuits sur les plaques à pâtisserie pendant 5 min, puis, à l'aide d'une grande spatule en métal, les transférer sur une grille pour qu'ils refroidissent complètement.

- Les biscuits peuvent se conserver jusqu'à 4 jours dans un contenant hermétique à la température ambiante.

Biscuits à la cassonade, à l'orange et aux pacanes

Donne 16 biscuits • Préparation 20 min • Cuisson 180 °C (350 °F), sur deux plaques à pâtisserie, environ 20 min chacune

- Placer une grille au centre du four. Préchauffer le four à 180 °C (350 °F). Tapisser deux plaques à pâtisserie de papier sulfurisé.

- Dans un bol de grosseur moyenne, tamiser la farine, la fécule de maïs et le sel. Réserver. Dans un grand bol, à l'aide d'un batteur électrique à vitesse moyenne, fouetter le beurre et la cassonade jusqu'à obtention d'un mélange onctueux, environ 1 min. Au besoin, racler les parois du bol. Ajouter le zeste d'orange, la vanille et 150 g (1 ½ tasse) de pacanes et bien mélanger, environ 1 min. En battant à basse vitesse, ajouter le mélange de farine et remuer juste assez pour l'incorporer au reste de la préparation.

- À l'aide d'une cuillère à crème glacée ou d'une mesure d'une capacité de 60 ml (¼ tasse), prélever des portions de pâte. Rouler chaque portion entre les paumes des mains pour former une boule lisse, puis aplatir la boule en un cercle de 9 cm (3 ½ po) de diamètre. Disposer les biscuits sur les plaques à pâtisserie en les espaçant de 6 cm (2 ½ po). Saupoudrer une petite quantité des pacanes restantes au centre de chaque biscuit, en les pressant délicatement dans la pâte.

- Cuire les biscuits, une plaque à la fois, jusqu'à ce que les bords soient fermes lorsque vous appliquez une légère pression du doigt et que le dessous soit légèrement brun, environ 20 min (le changement de couleur qui survient en cours de cuisson est subtil ; la pâte non cuite est brun pâle, et en fin de cuisson, le dessus et le dessous des biscuits seront d'un brun moyen). Les biscuits s'étaleront passablement en cours de cuisson, et leur diamètre atteindra environ 11 cm (4 ½ po). Laisser tiédir les biscuits sur les plaques à pâtisserie pendant 10 min, puis, à l'aide d'une grande spatule en métal, les transférer sur une grille pour qu'ils refroidissent complètement. Les biscuits deviendront croustillants à mesure qu'ils refroidiront.

- Saupoudrer les biscuits de sucre semoule, au goût. Les biscuits peuvent se conserver jusqu'à 5 jours dans un contenant hermétique à la température ambiante.

- 375 g (2 ½ tasses) de farine tout usage non blanchie
- 40 g (¼ tasse) de fécule de maïs
- ½ c. à café (½ c. à thé) de sel
- 360 g (1 ½ tasse) de beurre non salé à température ambiante
- 300 g (1 ½ tasse) de cassonade foncée (sucre brun), bien tassée
- 4 c. à café (4 c. à thé) de zeste d'orange, finement râpé
- 2 c. à café (2 c. à thé) d'extrait de vanille
- 250 g (2 ½ tasses) de pacanes, hachées finement

- Sucre semoule pour décorer (facultatif)

NOTE

Étant donné qu'une partie de la farine est remplacée par de la fécule de maïs, les biscuits ont une texture particulièrement moelleuse.

Biscuits au chocolat, aux cerises et à l'avoine

Donne 23 biscuits • Préparation 15 min • Cuisson 160 °C (325 °F), sur deux plaques à pâtisserie, environ 22 min chacune

- 265 g (1 ¾ tasse) de farine tout usage non blanchie
- 25 g (¼ tasse) de poudre de cacao non sucrée alcalinisée
- 1 c. à café (1 c. à thé) de levure chimique (poudre à lever)
- 1 c. à café (1 c. à thé) de bicarbonate de soude
- ½ c. à café (½ c. à thé) de sel
- ½ c. à café (½ c. à thé) de cannelle moulue
- 240 g (1 tasse) de beurre non salé à la température ambiante
- 220 g (1 tasse) de sucre granulé
- 200 g (1 tasse) de cassonade ou de sucre roux, bien tassé
- 2 œufs de gros calibre
- 1 c. à café (1 c. à thé) d'extrait de vanille
- 1 c. à café (1 c. à thé) d'extrait d'amande
- 225 g (2 ½ tasses) de flocons d'avoine (éviter ceux à cuisson rapide)
- 150 g (1 tasse ou environ 5 oz) de cerises séchées
- 350 g (2 tasses) de pépites de chocolat au lait

- Placer une grille au centre du four. Préchauffer le four à 160 °C (325 °F). Tapisser deux plaques à pâtisserie de papier sulfurisé.

- Dans un bol de grosseur moyenne, tamiser la farine, la poudre de cacao, la levure chimique, le bicarbonate de soude, le sel et la cannelle. Réserver. Dans un grand bol, au moyen d'un batteur électrique à vitesse moyenne, fouetter le beurre, le sucre granulé et la cassonade jusqu'à obtention d'un mélange onctueux, environ 1 min. Au besoin, racler les parois du bol. Ajouter les œufs, la vanille et l'extrait d'amande et bien mélanger, environ 1 min. La préparation pourrait avoir une apparence caillée. En battant à basse vitesse, ajouter le mélange de farine et les flocons d'avoine et remuer juste assez pour incorporer le tout au reste de la préparation, et jusqu'à ce que la pâte ait retrouvé sa texture onctueuse. Incorporer les cerises séchées et les pépites de chocolat.

- À l'aide d'une cuillère à crème glacée ou d'une mesure de 60 ml (¼ tasse), prélever des portions de pâte et les déposer sur les plaques à pâtisserie, en les espaçant d'au moins 6 cm (2 ½ po). Cuire les biscuits, une plaque à la fois, jusqu'à ce que le dessus soit ferme au toucher et ait une apparence terne plutôt que lustrée, environ 22 min. Laisser tiédir les biscuits sur les plaques à pâtisserie pendant 5 min, puis, à l'aide d'une grande spatule en métal, les transférer sur une grille pour qu'ils refroidissent complètement.

- Les biscuits peuvent se conserver jusqu'à 4 jours dans un contenant hermétique à la température ambiante.

NOTE

Vous pouvez aussi combiner des pépites de chocolat blanc ou noir avec des canneberges séchées ou des abricots séchés coupés en petits morceaux.

Divines et plantureuses croquettes

Donne 14 biscuits · Préparation 15 min · Cuisson 160 °C (325 °F), sur deux plaques à pâtisserie, environ 14 min chacune

- Placer une grille au centre du four. Préchauffer le four à 160 °C (325 °F). Tapisser deux plaques à pâtisserie de papier sulfurisé.

- Dans un bol de grosseur moyenne, mélanger les pépites de chocolat et les noix. Réserver. Dans un petit bol, tamiser la farine, la poudre de cacao, le bicarbonate de soude et le sel. Réserver. Dans un grand bol, à l'aide d'une grosse cuillère, mélanger le beurre fondu et le sucre et bien amalgamer. Le mélange aura une apparence granuleuse. Ajouter l'œuf et la vanille et mélanger jusqu'à ce que la préparation soit onctueuse et lustrée. Incorporer le mélange de farine.

- Déposer des cuillerées à soupe combles (équivalant chacune à environ 3 c. à soupe rases) de pâte sur les plaques à pâtisserie en les espaçant de 10 cm (4 po). Cuire une première fournée jusqu'à ce que le dessus des biscuits soit ferme au toucher, environ 14 min. Les biscuits vont gonfler durant à cuisson, puis retomber.

- Sortir les biscuits du four et, en laissant un espace vide de 12 mm (½ po) en bordure, disposer environ 12 guimauves sur chaque biscuit. Saupoudrer sur les guimauves 2 c. à soupe du mélange de noix et de pépites de chocolat. Remettre les biscuits au four, puis fermer immédiatement le four et y laisser les biscuits pendant 5 min. Retirer du four. Les guimauves seront ramollies et les pépites de chocolat fondues, mais auront gardé leur forme. Laisser tiédir les biscuits sur les plaques à pâtisserie pendant 10 min, puis, à l'aide d'une grande spatule en métal, les transférer sur une grille pour qu'ils refroidissent complètement. Remettre le four à 160 °C (350 °F) puis cuire et garnir la deuxième fournée de biscuits.

- Les biscuits peuvent se conserver jusqu'à 3 jours dans un contenant hermétique à la température ambiante.

- 235 g (1 ⅓ tasse) de pépites de chocolat mi-sucré
- 140 g (1 ⅓ tasse) de noix, hachées grossièrement
- 150 g (1 tasse) de farine tout usage non blanchie
- 25 g (¼ tasse) de poudre de cacao non sucrée alcalinisée
- 1 c. à café (1 c. à thé) de bicarbonate de soude
- ½ c. à café (½ c. à thé) de sel
- 120 g (½ tasse) de beurre non salé, fondu
- 220 g (1 tasse) de sucre
- 1 œuf de gros calibre
- 1 c. à café (1 c. à thé) d'extrait de vanille
- 90 g (1 ¾ tasse) de guimauves miniatures

- 415 g (2 3/4 tasses) de farine tout usage non blanchie
- 2 c. à café (2 c. à thé) de crème de tartre
- 1 c. à café (1 c. à thé) de bicarbonate de soude
- 1/4 c. à café (1/4 c. à thé) de sel
- 385 g (1 3/4 tasse) de sucre
- 1 c. à soupe de cannelle moulue
- 120 g (1/2 tasse) de beurre non salé à la température ambiante
- 120 g (1/2 tasse) de shortening végétal
- 2 œufs de gros calibre
- 1 c. à café (1 c. à thé) d'extrait de vanille
- 1 c. à café (1 c. à thé) d'extrait d'amande

NOTE

Ici, l'agent de levage est un mélange de crème de tartre et de bicarbonate de soude, ancienne version de la levure chimique. Voilà qui indique clairement le caractère éprouvé de cette recette.

«Snickerdoodles» à la cannelle et au sucre

Donne 18 biscuits · Préparation 15 min · Cuisson 180 °C (350 °F), sur deux plaques à pâtisserie, environ 18 min chacune

- Placer une grille au centre du four. Préchauffer le four à 180 °C (350 °F). Tapisser deux plaques à pâtisserie de papier sulfurisé.

- Dans un bol de grosseur moyenne, tamiser la farine, la crème de tartre, le bicarbonate de soude et le sel. Réserver. Dans un petit bol, mélanger 55 g (1/4 tasse) du sucre avec la cannelle et réserver. Dans un grand bol, à l'aide d'un batteur électrique à vitesse moyenne, fouetter le beurre, le shortening végétal et les 330 g (1 1/2 tasse) du sucre restant, jusqu'à ce que la préparation soit légère et mousseuse, environ 1 min. Au besoin, racler les parois du bol. Incorporer les œufs, la vanille et l'extrait d'amande et bien mélanger, environ 1 min. En battant à basse vitesse, ajouter le mélange de farine et remuer juste assez pour l'incorporer au reste de la préparation. La pâte sera lisse et onctueuse.

- À l'aide d'une cuillère à crème glacée ou d'une mesure d'une capacité de 60 ml (1/4 tasse), prélever des portions de pâte et les rouler entre les paumes des mains pour former des boules lisses. Rouler chacune des boules dans le mélange de cannelle et de sucre, et disposer les boules ainsi apprêtées sur les plaques à pâtisserie en les espaçant de 7,5 cm (3 po).

- Cuire les biscuits, une plaque à la fois, jusqu'à ce que le dessous et les bords soient dorés, environ 18 min. Le centre des biscuits devrait être ferme sur le dessus et tendre en dessous – cela indique que le centre des biscuits aura la consistance moelleuse et tendre désirée. Laisser tiédir les biscuits pendant 5 min sur les plaques à pâtisserie, puis, à l'aide d'une grande spatule en métal, les transférer sur une grille pour qu'ils refroidissent complètement.

- Les biscuits peuvent se conserver jusqu'à 3 jours dans un contenant hermétique à la température ambiante.

Croustillants géants « s'more »

Donne 15 biscuits • Préparation 20 min • Cuisson 160 °C (325 °F), sur deux plaques à pâtisserie, environ 15 min chacune

BISCUITS

- Placer une grille au centre du four. Préchauffer le four à 160 °C (325 °F). Tapisser deux plaques à pâtisserie de papier sulfurisé.

- Dans un grand bol, à l'aide d'un batteur électrique à vitesse moyenne, fouetter le beurre et le sucre jusqu'à obtention d'un mélange onctueux, environ 1 min. Au besoin, racler les parois du bol. Ajouter l'œuf et la vanille et bien mélanger, environ 1 min. En battant à basse vitesse, mélanger la chapelure de Graham, la farine et le sel jusqu'à obtention d'une pâte souple qui ne colle pas aux parois du bol. Incorporer les pépites de chocolat et les guimauves.

- À l'aide d'une cuillère à crème glacée ou d'une mesure d'une capacité de 60 ml (¼ tasse), prélever des portions de pâte et les déposer sur les plaques à pâtisserie en les espaçant de 10 cm (4 po). Aplatir légèrement chaque biscuit à une épaisseur de 2 cm (¾ po).

- Cuire les biscuits, une plaque à la fois, jusqu'à ce que le dessus soit ferme au toucher et que les guimauves se trouvant sur le pourtour aient fondu et soient caramélisées, environ 15 min. (Une partie des guimauves se trouvant au centre des biscuits garderont leur coloration blanche.) Laisser tiédir les biscuits sur les plaques à pâtisserie pendant 5 min, puis, à l'aide d'une grande spatule de métal, les transférer sur une grille pour qu'ils refroidissent.

ENROBAGE AU CHOCOLAT

- Mettre le chocolat et l'huile dans un bain-marie à feux doux. Remuer jusqu'à ce que le chocolat soit fondu et que la préparation soit lisse. Retirer de l'eau et laisser refroidir et épaissir légèrement, entre 15 et 20 min

- À l'aide d'une petite cuillère, verser le chocolat fondu sur les biscuits refroidis. Laisser reposer les biscuits à la température ambiante jusqu'à ce que le chocolat soit pris, environ 1 h. Ou réfrigérer les biscuits environ 15 min.

DRESSAGE

- Les biscuits peuvent être emballés individuellement dans de la pellicule plastique et se conserver jusqu'à 2 jours à la température ambiante.

BISCUITS

- 180 g (¾ tasse) de beurre non salé à température ambiante
- 110 g (½ tasse) de sucre
- 1 œuf de gros calibre
- 1 c. à café (1 c. à thé) d'extrait de vanille
- 300 g (3 tasses) de chapelure de Graham
- 40 g (¼ tasse) de farine tout usage non blanchie
- ¼ c. à café (¼ c. à thé) de sel
- 260 g (1 ½ tasse) de pépites de chocolat au lait
- 75 g (1 ½ tasse) de guimauves miniatures

ENROBAGE AU CHOCOLAT

- 175 g (1 tasse) de pépites de chocolat au lait ou de chocolat au lait, haché
- 1 c. à soupe d'huile de canola (colza) ou de maïs

NOTE

En cours de cuisson, une bonne partie des guimauves mélangées à la chapelure de Graham fond et le sucre des guimauves se caramélise. On obtient alors des biscuits remplis de morceaux de sucre caramélisé croquant. Vous n'avez rien de particulier à faire pour obtenir ce résultat – la cuisson s'en charge automatiquement.

Biscuits festifs au sucre

- 415 g (2 ³/₄ tasses) de farine tout usage non blanchie
- 75 g (½ tasse) de fécule de maïs
- 1 c. à café (1 c. à thé) de levure chimique (poudre à lever)
- ¼ c. à café (¼ c. à thé) de sel
- 180 g (¾ tasse) de beurre non salé à la température ambiante
- 120 g (½ tasse) de shortening végétal
- 220 g (1 tasse) de sucre
- 1 œuf de gros calibre
- 2 c. à café (2 c. à thé) d'extrait de vanille
- ½ c. à café (½ c. à thé) d'extrait d'amande

PRÉPARATION Donne 24 gros biscuits · Préparation 30 min, plus le temps de réfrigération · Cuisson 180 °C (350 °F), sur deux plaques à pâtisserie, environ 14 min chacune

• Dans un bol de grosseur moyenne, tamiser la farine, la fécule de maïs, la levure chimique et le sel. Réserver. Dans un grand bol, à l'aide d'un batteur électrique à vitesse moyenne, fouetter le beurre, le shortening végétal et le sucre jusqu'à obtention d'un mélange onctueux dont la couleur est légèrement plus pâle qu'au départ, environ 1 min. Au besoin, racler les parois du bol. Ajouter l'œuf, la vanille et l'extrait d'amande et bien mélanger, environ 1 min. En battant à basse vitesse, ajouter le mélange de farine et remuer juste assez pour l'incorporer au reste de la préparation. La pâte sera onctueuse et lisse.

• Diviser la pâte en 2 et façonner 2 disques lisses d'environ 15 cm (6 po) de diamètre. Envelopper les disques dans de la pellicule plastique et réfrigérer jusqu'à ce que la pâte soit suffisamment ferme pour être abaissée sans coller au rouleau, sans toutefois être trop dure et difficile à étaler, environ 1 h. Placer une grille au centre du four. Réchauffer le four à 180 °C (350 °F). Tapisser deux plaques à pâtisserie de papier sulfurisé.

• Fariner légèrement la surface de travail et le rouleau à pâtisserie. Déballer une portion de pâte et l'abaisser au rouleau pour former un cercle de 30 cm (12 po) de diamètre et de 5 mm (⅕ po) d'épaisseur. À l'aide d'un emporte-pièce de 9 à 12,5 cm (3 ½ à 5 po) de longueur, découper des biscuits. Placer l'emporte-pièce avec soin de façon à découper le plus grand nombre de biscuits possible dans chaque abaisse. À l'aide d'une mince spatule en métal, transférer les biscuits sur les plaques à pâtisserie, en les espaçant de 2,5 cm (1 po). Rassembler les chutes et réserver. Déballer le second disque de pâte et répéter l'opération précédente. Rassembler toutes les chutes de pâte de manière à former un disque lisse, puis abaisser la pâte et découper des biscuits à l'emporte-pièce. S'il reste encore beaucoup de pâte, recommencer.

• Cuire les biscuits, une plaque à la fois, jusqu'à ce que les bords et le dessous soient légèrement bruns, environ 14 min. Laisser tiédir les biscuits sur les plaques à pâtisserie pendant 5 min, puis, à l'aide d'une grande spatule en métal, les transférer sur une grille pour qu'ils refroidissent complètement.

suite à la page 66

NOTE

• Pour fabriquer des bonshommes de neige, découper un cercle d'environ 7,5 cm (3 po) de diamètre pour le corps et un cercle de 5 cm (2 po) pour la tête. Pour chaque bonhomme de neige, superposer légèrement les deux cercles sur la plaque à pâtisserie et presser légèrement sur le point d'intersection. Décorer avec le glaçage au sucre semoule (page 69).

VARIANTES ET DÉCORATION

• La pâte peut être parfumée avec 1 c. à café (1 c. à thé) de zeste d'orange, de citron ou de lime finement râpé, 2 c. à soupe de gingembre confit haché finement ou 1 ½ c. à café de cannelle moulue. Vous pouvez doubler la recette pour obtenir une plus grosse fournée de biscuits. Vous pouvez saupoudrer du sucre de couleur ou des nonpareilles (minuscules dragées faites de cristal de sucre très fin, diversement coloré, utilisé pour garnir les pâtisseries) sur les biscuits avant la cuisson. Vous pouvez aussi les recouvrir de glace au sucre semoule (page 69) quand ils sont encore chauds, ou encore, une fois refroidis, de glaçage au sucre semoule puis les décorer de paillettes colorées ou de nonpareilles. Environ 2 c. à soupe de sucre de couleur, de paillettes ou de nonpareilles peuvent décorer 24 biscuits. Enfin, vous pouvez également tremper la moitié des biscuits dans une préparation de chocolat fondu, ou encore les décorer en y versant un filet de chocolat fondu.

NOTE

Voici les caractéristiques essentielles de la pâte tout usage permettant d'obtenir de savoureux biscuits découpés à l'emporte-pièce.

1. Une pâte facile à mélanger.

2. Une pâte facile à abaisser, que l'on peut étaler au rouleau plusieurs fois et qui ne risque pas d'être gâchée si de petites mains s'amusent à la pétrir et à la presser.

3. Une pâte qui garde la forme de l'emporte-pièce lors de la cuisson.

4. Une pâte qui donne un biscuit qui se conserve pendant une semaine ou plus et qui résiste bien au transport. On peut donc sans inquiétude en envoyer une boîte à des amis et à des membres de la famille.

5. Les biscuits peuvent être superposés en rangées sur des feuilles de papier ciré dans un contenant hermétique et se conserver jusqu'à 1 semaine à la température ambiante.

Pour Axel

Biscuits géants au pain d'épice

Donne 9 biscuits • Préparation 30 min (y compris la décoration) • Cuisson
160 °C (325 °F), sur deux plaques à pâtisserie, environ 12 minutes chacune

BISCUITS

- Dans un grand bol, tamiser la farine, la levure chimique, le
bicarbonate de soude, le gingembre, la cannelle, la muscade et les clous
de girofle. Réserver. Dans une casserole de grosseur moyenne, chauffer le
beurre, la cassonade et la mélasse à feu doux, en remuant souvent, jusqu'à
ce que le beurre et le sucre fondent. Augmenter la chaleur à moyenne-
élevée et porter le mélange à ébullition. Retirer immédiatement la casserole
du feu et laisser la préparation refroidir pendant 10 à 15 min.

- Placer une grille au centre du four. Préchauffer le four à 160 °C (325 °F).
Tapisser deux plaques à pâtisserie de papier sulfurisé.

- Dans un bol de grosseur moyenne, fouetter les œufs à la main afin
d'amalgamer les jaunes et les blancs. En continuant de fouetter, verser
lentement le mélange de mélasse légèrement refroidi sur les œufs. En
fouettant au batteur électrique à basse vitesse, verser le mélange liquide
dans le mélange de farine et remuer jusqu'à ce que les ingrédients soient
bien amalgamés et que la pâte se rassemble en grosses boules et décolle
aisément des parois du bol.

- Diviser la pâte en 2 portions et façonner 2 rectangles d'environ 15 cm
(6 po) de longueur. Envelopper l'un des rectangles dans de la pellicule
plastique et réserver. Fariner légèrement la surface de travail et le rouleau à
pâtisserie. Abaisser l'autre moitié pour former un rectangle d'environ
20 x 30 cm (8 x 12 po) et de 6 mm (¼ po) d'épaisseur. Glisser une mince
spatule de métal sous l'abaisse pour la décoller de la surface, puis, à l'aide
d'un emporte-pièce de 20 cm (8 po) de longueur en forme de bonhomme
de pain d'épice, découper 2 biscuits. Replier soigneusement les bras des
bonshommes sur leur poitrine et placer les biscuits sur la plaque à pâtisserie,
en les espaçant d'environ 5 cm (2 po). Déplier les bras. Rassembler les
chutes, les envelopper dans une pellicule plastique et réserver. Déballer la
deuxième portion de pâte, l'abaisser et la découper à l'emporte-pièce.
Transférer les biscuits sur la plaque à pâtisserie. Rassembler l'ensemble des
chutes, de manière à former un disque. Former un rectangle de 20 x 30 cm
(8 x 12 po) et découper 3 biscuits à l'emporte-pièce. Répéter l'opération
avec le reste des chutes, de manière à former un rectangle de 20 X 30 cm

BISCUITS

- 565 g (3 ¾ tasses) de farine tout usage
non blanchie
- 1 c. à café (1 c. à thé) de levure chimique
(poudre à lever)
- ½ c. à café (½ c. à thé) de bicarbonate
de soude
- 1 c. à soupe plus 1 c. à café (1 c. à thé)
de gingembre moulu
- 1 ½ c. à café (1 ½ c. à thé) de cannelle
moulue
- ½ c. à café (½ c. à thé) de muscade
moulue
- ½ c. à café (½ c. à thé) de clou de girofle
moulu
- 120 g (½ tasse) de beurre non salé, défait
en morceaux
- 150 g (¾ tasse) de cassonade ou de sucre
roux, bien tassé
- 80 ml (⅓ tasse) de mélasse non sulfurée
- 2 œufs de gros calibre

- Raisins secs pour la décoration

GLAÇAGE

- 100 g (1 tasse) de sucre semoule
- 2 c. à soupe de crème épaisse (à fouetter), plus 2 c. à café (2 c. à thé) au maximum, au besoin

PRÉPARATION

(8 X 12 po) et découper 2 biscuits. Vous aurez alors un total de 9 biscuits. Presser fermement des raisins secs dans chaque biscuit pour former les yeux, le nez et la bouche et pour faire 3 ou 4 boutons à la verticale sur le ventre du bonhomme.

- Cuire les biscuits, une plaque à la fois, jusqu'à ce qu'ils soient fermes au toucher, environ 12 min. Les biscuits vont gonfler et épaissir quelque peu en cours de cuisson, mais ne s'étaleront pas beaucoup. Laisser tiédir les biscuits sur les plaques à pâtisserie pendant 5 min, puis, à l'aide d'une grande spatule de métal, les transférer sur une grille pour qu'ils refroidissent complètement. Si vous le désirez, pendant que les biscuits sont encore chauds, vous pouvez percer un trou dans la partie supérieure de la tête à l'aide d'un cure-dents pour pouvoir ultérieurement les suspendre à titre d'ornement.

GLAÇAGE

- Dans un petit bol, mélanger le sucre semoule avec suffisamment de crème pour former un glaçage épais et ferme. Transférer à la cuillère le glaçage dans une poche à décorer munie d'une douille étroite à embouchure arrondie ou dans un sac à congeler en plastique dans lequel vous aurez percé un trou dans l'un des coins. En tenant la poche à douille à environ 2,5 cm (1 po) au-dessus du biscuit et en vous déplaçant lentement, dessiner une pipe, des cheveux, une bouche, des chaussures et tout ce que vous souhaitez voir sur vos biscuits. Dessiner une boucle ou une cravate, ou encore une robe ou un veston. Vous pouvez aussi créer un dessin fantaisiste de votre cru. (Je regarde parfois des photographies de biscuits au pain d'épice décorés pour me donner de nouvelles idées.) Laisser les biscuits reposer jusqu'à ce que le glaçage soit pris.

- Les biscuits peuvent être superposés en rangées sur des feuilles de papier ciré et se conserver jusqu'à 3 semaines dans un contenant hermétique à la température ambiante. Ils sont plus savoureux le lendemain.

Sablés au beurre en forme de cœur

BISCUITS

- 415 g (1 ¾ tasse) de farine tout usage non blanchie
- 40 g (¼ tasse) de fécule de maïs
- ½ c. à café (½ c. à thé) de levure chimique (poudre à lever)
- ¼ c. à café (¼ c. à thé) de sel
- 240 g (1 tasse) de beurre non salé, froid
- 75 g (¾ tasse) de sucre semoule
- 2 c. à café (2 c. à thé) d'extrait de vanille

- Placer une grille au centre du four. Préchauffer le four à 160 °C (325 °F). Tapisser de papier sulfurisé une plaque à pâtisserie pour 9 biscuits, ou deux plaques pour 13 biscuits.

BISCUITS

- Dans un bol de grosseur moyenne, tamiser la farine, la fécule de maïs, la levure chimique et le sel. Réserver. Dans un grand bol, à l'aide d'un batteur électrique à vitesse moyenne, fouetter le beurre, le sucre et la vanille jusqu'à obtention d'un mélange lisse et crémeux, environ 1 min. Au besoin, racler les parois du bol. En battant à basse vitesse, ajouter le mélange de farine et remuer jusqu'à ce qu'il soit bien incorporé et que la pâte forme de gros morceaux sans coller aux parois du bol.

- Mettre la pâte en boule. Fariner légèrement la surface de travail et le rouleau à pâtisserie. Abaisser la pâte à une épaisseur de 6 mm (¼ po). À l'aide d'un emporte-pièce de 9 ou 11 cm (3 ½ ou 4 ½ po) de longueur en forme de cœur, découper des biscuits. À l'aide d'une mince spatule en métal, transférer les biscuits sur les plaques à pâtisserie, en les espaçant d'environ 2,5 cm (1 po). Rassembler les chutes de pâte, les abaisser et découper d'autres biscuits en forme de cœur.

- Cuire les biscuits, une plaque à la fois, jusqu'à ce que les bords et le dessous soient légèrement bruns, environ 20 min. Laisser les biscuits tiédir sur les plaques à pâtisserie pendant 5 min, puis, à l'aide d'une grande spatule en métal, les transférer sur une grille pour qu'ils refroidissent complètement.

suite à la page 72

GLAÇAGE AU SUCRE SEMOULE

• Dans un petit bol, mélanger le sucre semoule et la vanille avec suffisamment de crème pour former une glace épaisse et facile à étaler. Utiliser une mince spatule en métal pour étendre la glace sur la moitié de chaque biscuit. Laisser les biscuits reposer jusqu'à ce que la glace soit prise.

• Les biscuits peuvent être superposés en rangées sur des feuilles de papier ciré et se conserver jusqu'à 4 jours dans un contenant hermétique à la température ambiante.

VARIANTES

• Divers parfums – par exemple 1 c. à café (1 c. à thé) de zeste de citron finement râpé, 2 c. à café (2 c. à thé) de zeste d'orange finement râpé ou ¾ de c. à café de d'extrait d'amande – peuvent être ajoutés à la pâte en plus de la vanille. Vous pouvez aussi tremper la moitié des biscuits dans un enrobage au chocolat mi-sucré (voir note, p. 40) au lieu de les tartiner de glace à la vanille. Vous pouvez également doubler la recette de glace et en recouvrir toute la surface des biscuits

GLAÇAGE AU SUCRE SEMOULE
• 150 g (1 ½ tasse) de sucre semoule
• ½ c. à café (½ c. à thé) d'extrait de vanille
• 5 ou 6 c. à soupe de crème épaisse (à fouetter)

NOTE

Les ingrédients de ces biscuits sont simples, la préparation est rapide et la pâte facile à abaisser. Leur saveur leur vient surtout du beurre – du pur beurre. Ce type de pâte comprend une importante proportion de matières grasses par rapport à la farine. J'aime bien découper la pâte en forme de cœurs, mais les arbres, les trèfles, les cloches et les étoiles sont autant d'autres possibilités.

Dans cette version de la recette, la fécule de maïs qui remplace une partie de la farine contribue à réduire le taux de gluten de la pâte, ce qui donne des biscuits particulièrement tendres.

- 240 g (1 tasse) de beurre
  non salé à la température ambiante
- 220 g (1 tasse) de sucre
- 1/8 c. à café (1/8 c. à thé) de sel
- 2 c. à café (2 c. à thé) de zeste de citron
  finement râpé
- 2 c. à café (2 c. à thé) d'extrait de vanille
- 450 g (3 tasses) de farine tout usage
  non blanchie

- Sucre semoule pour décorer

NOTE

Ces biscuits, fabriqués à partir d'une garniture aux miettes parfumées au citron, sont entièrement constitués du populaire mélange de farine, de sucre et de beurre. À la cuisson, le beurre qui se trouve dans le mélange de miettes fond et transforme le tout en biscuits croquants regorgeant de miettes, ce dont je raffole. On peut aussi les parfumer au zeste d'orange.

Biscuits aux miettes au citron et au beurre

Donne 18 biscuits · Préparation 15 min · Cuisson 160 °C (325 °F), sur deux plaques à pâtisserie, environ 21 min chacune

- Placer une grille au centre du four. Préchauffer le four à 160 °C (325 °F). Tracer 9 cercles de 9 cm (3 ½ po) de diamètre sur 2 feuilles de papier sulfurisé ayant chacune les mêmes dimensions que vos plaques à pâtisserie, en espaçant les cercles de 2,5 cm (1 po). Tapisser les plaques avec ces deux feuilles de papier, en plaçant les cercles au verso.

- Dans un grand bol, à l'aide d'un batteur électrique à basse vitesse, fouetter le beurre, le sucre, le sel, le zeste de citron et la vanille jusqu'à obtention d'un mélange onctueux, environ 1 min. Au besoin, racler les parois du bol. Ajouter la farine et mélanger jusqu'à ce que la pâte forme de petites miettes de différentes grosseurs, allant de très petites à une grosseur d'environ 6 mm (¼ po).

- Prélever une portion de 60 ml (¼ tasse) du mélange et l'étaler sur l'un des cercles. Presser délicatement les miettes en les répartissant bien dans tout le cercle, sans trop les tasser. Saupoudrer environ 1 c. à soupe de miettes sur le dessus de chaque biscuit.

- Cuire les biscuits, une plaque à la fois, jusqu'à ce que les bords et le dessous aient légèrement bruni, environ 21 min. Le centre des biscuits devrait demeurer d'un brun doré plus pâle. Laisser tiédir sur la plaque à pâtisserie pendant 10 min, puis, à l'aide d'une grande spatule en métal, les transférer sur une grille pour qu'ils refroidissent complètement (il se peut que quelques miettes se détachent des biscuits). Éviter de transférer les biscuits avant 10 min. Ils doivent refroidir et se raffermir légèrement, sinon ils risquent de se briser.

- Saupoudrer légèrement les biscuits de sucre semoule. Les biscuits peuvent se conserver jusqu'à 3 jours dans un contenant hermétique à la température ambiante.

Planches à laver à la noix de coco grillée

Donne 18 biscuits · Préparation 25 min · Cuisson 180 °C (350 °F),
sur deux plaques à pâtisserie, environ 15 min chacune

- Placer une grille au centre du four. Préchauffer le four à 150 °C (300 °F).

BISCUITS

- Étaler la noix de coco râpée sur une plaque à pâtisserie. Mettre au four environ 10 min, en remuant une fois, jusqu'à ce que la noix de coco soit uniformément dorée. Surveiller attentivement, car la noix de coco a tendance à noircir rapidement vers la fin du rôtissage. Mettre de côté et laisser refroidir.

- Augmenter la température du four à 180 °C (350 °F). Tapisser deux plaques à pâtisserie de papier sulfurisé.

- Dans un bol de grosseur moyenne, tamiser la farine, la levure chimique, le sel et la cannelle. Réserver.

- Dans un grand bol, à l'aide d'un batteur électrique à vitesse moyenne, fouetter le beurre et la cassonade jusqu'à obtention d'un mélange léger et mousseux, environ 1 min. Au besoin, racler les parois du bol. Ajouter l'œuf, la vanille et l'extrait d'amande et bien mélanger, environ 1 min. En battant à basse vitesse, ajouter le mélange de farine et remuer juste assez pour l'incorporer au reste de la préparation. À l'aide d'une grosse cuillère, incorporer 175 g (1 ½ tasse) de noix de coco grillée.

- Diviser la pâte en deux et façonner deux rectangles plats : couper deux grandes feuilles de papier ciré et abaisser l'une des portions de pâte entre les deux feuilles de façon à former un rectangle de 19 x 30 cm (7 ½ x 12 po) et d'environ 6 mm (¼ po) d'épaisseur. Retirer la feuille de papier ciré du dessus et la jeter. Couper les bords du rectangle pour les égaliser. Diviser la pâte en 9 rectangles mesurant environ 6 x 10 cm (2 ½ x 4 po) et 6 cm (2 ½). Pour déposer les biscuits sur la plaque, soulever la feuille de papier avec les biscuits et la renverser sur la plaque. Retirer la feuille de papier ciré et, à l'aide d'une spatule de métal, séparer les biscuits et les espacer d'environ 5 cm (2 po). À l'aide des dents d'une fourchette, dos vers le bas, tracer des lignes parallèles sur chaque biscuit, dans le sens de la longueur. Répéter l'opération avec le deuxième rectangle de pâte. Cuire les biscuits, une plaque à la fois, jusqu'à ce que les bords et le dessous soient légèrement bruns, environ 15 min. Le centre des biscuits devrait demeurer d'une couleur pâle.

suite à la page 76

BISCUITS

- 230 g (2 tasses) de noix de coco râpée et sucrée
- 300 g (2 tasses) de farine tout usage non blanchie
- ¾ c. à café (¾ c. à thé) de levure chimique (poudre à lever)
- ⅛ c. à café (⅛ c. à thé) de sel
- ½ c. à café (½ c. à thé) de cannelle moulue
- 180 g (¾ tasse) de beurre non salé à la température ambiante
- 200 g (1 tasse) de cassonade dorée, bien tassée
- 1 œuf de gros calibre
- 1 c. à café (1 c. à thé) d'extrait de vanille
- ½ c. à café (½ c. à thé) d'extrait d'amande

Planches à laver à la noix de coco grillée (suite)

Donne 18 biscuits · Préparation 15 min · Cuisson 160 °C (325 °F), sur deux plaques à pâtisserie, environ 23 min chacune

GARNITURE
- 60 g (2 oz) chocolat blanc, haché

• Laisser tiédir les biscuits sur les plaques à pâtisserie pendant 5 min, puis, à l'aide d'une grande spatule en métal, les transférer sur une grille pour qu'ils refroidissent complètement.

GARNITURE

• Mettre le chocolat blanc dans un bain-marie à feu doux. Remuer le chocolat jusqu'à ce qu'il fonde et que la préparation soit lisse. Retirer de l'eau et laisser refroidir et épaissir, environ 10 min.

• À l'aide d'un pinceau à pâtisserie, mettre une bande de chocolat blanc fondu de 2,5 cm (1 po) au bout de chaque biscuit (en largeur). Saupoudrer le reste de la noix de coco grillée sur le chocolat blanc. Laisser reposer à la température ambiante jusqu'à ce que le chocolat soit pris, environ 1 h. Pour accélérer le processus, réfrigérer les biscuits sans les couvrir environ 15 min.

• Les biscuits peuvent être emballés individuellement dans de la pellicule plastique et se conserver jusqu'à 3 jours à la température ambiante.

NOTE

Ces biscuits rectangulaires ont la forme et la surface striée caractéristiques des planches à laver de l'ancien temps. La noix de coco grillée ajoute une texture croustillante aux biscuits et un joli élément décoratif aux extrémités trempées dans le chocolat blanc. Pour tracer les sillons caractéristiques, on imprime des lignes sur les biscuits avec les dents d'une fourchette avant la cuisson. Il faut toutefois s'assurer de tenir la fourchette de façon à ce que le dos soit vers le bas pour tracer des sillons droits et réguliers. Comme la pâte est collante, il est plus facile de l'abaisser entre deux feuilles de papier ciré.

- 300 g (2 tasses) de farine tout usage non blanchie
- 1 c. à café (1 c. à thé) de bicarbonate de soude
- ³/₄ c. à café (³/₄ c. à thé) de levure chimique (poudre à lever)
- ¹/₂ c. à café (¹/₂ c. à thé) de sel
- 1 ¹/₂ c. à café (1 ¹/₂ c. à thé) de cannelle moulue
- 240 g (1 tasse) de beurre non salé à la température ambiante
- 220 g (1 tasse) de sucre granulé
- 200 g (1 tasse) de cassonade ou de sucre roux, bien tassé
- 2 œufs de gros calibre
- 2 c. à café (2 c. à thé) d'extrait de vanille
- 225 g (2 ¹/₂ tasses) de flocons d'avoine (éviter ceux à cuisson rapide)
- 360 g (2 ¹/₂ tasses ou environ 12 oz) de mélange montagnard comprenant fruits et noix, en morceaux d'au plus 12 mm (¹/₂ po)

NOTE

Voici de véritables biscuits de voyage. Que vous soyez en randonnée pédestre dans un sentier, en excursion à bicyclette sur une route tranquille ou que vous traversiez le pays en avion, ces biscuits à l'avoine parsemés de fruits séchés et de noix vous aideront à parcourir les derniers kilomètres et à arriver en pleine forme à destination.

PRÉPARATION — Donne 15 biscuits • Préparation 15 min • Cuisson 160 °C (325 °F), sur deux plaques à pâtisserie, environ 23 min chacune

- Placer une grille au centre du four. Préchauffer le four à 160 °C (325 °F). Tapisser deux plaques à pâtisserie de papier sulfurisé.

- Dans un bol de grosseur moyenne, tamiser la farine, le bicarbonate de soude, la levure chimique, le sel et la cannelle. Réserver. Dans un grand bol, au moyen d'un batteur électrique à vitesse moyenne, fouetter le beurre, le sucre granulé et la cassonade jusqu'à obtention d'un mélange onctueux, environ 1 min. Au besoin, racler les parois du bol. Ajouter les œufs et la vanille et bien mélanger, environ 1 min. En battant à basse vitesse, ajouter le mélange de farine et remuer juste assez pour l'incorporer au reste de la préparation. Incorporer les flocons d'avoine.

- Verser le mélange montagnard dans un bol de grosseur moyenne.

- À l'aide de cuillère à crème glacée ou d'une mesure d'une capacité de 60 ml (¼ tasse), prélever des portions de pâte et les façonner en boule entre les paumes des mains. Rouler chaque boule dans le mélange de fruits et de noix de manière à l'enrober généreusement, puis placer les boules sur les plaques à pâtisserie en les espaçant de 7,5 cm (3 po).

- Cuire les biscuits, une plaque à la fois, jusqu'à ce que le dessous et les bords soient brun pâle, environ 23 min. À mesure que les biscuits cuiront et s'aplatiront, les fruits et les noix se répartiront sur toute la surface. Laisser tiédir sur les plaques à pâtisserie pendant 5 min, puis, à l'aide d'une grande spatule en métal, les transférer sur une grille pour qu'ils refroidissent complètement.

- Les biscuits peuvent se conserver jusqu'à 5 jours dans un contenant hermétique à la température ambiante.

VARIANTES

- Vous pouvez congeler les biscuits une fois refroidis afin de toujours en avoir à la portée de la main. Enveloppez-les soigneusement dans de la pellicule plastique et rangez-les dans un contenant hermétique conçu pour aller au congélateur. Étiquetez le contenant en indiquant la date et le contenu. Les biscuits peuvent se conserver jusqu'à 3 mois au congélateur. Prenez le nombre de biscuits dont vous avez besoin et laissez-les décongeler dans la pellicule plastique à la température ambiante.

- 190 g (1 ¼ tasse) de farine tout usage non blanchie
- ¼ c. à café (¼ c. à thé) de sel
- 1 c. à café (1 c. à thé) de cannelle moulue
- 180 g (¾ tasse) de beurre non salé à la température ambiante
- 130 g (⅔ tasse) de cassonade ou de sucre roux, bien tassé
- 120 g (1 tasse) de figues séchées, coupées en morceaux de 12 mm (½ po)
- 90 g (¾ tasse) de pignons non grillés

NOTE

Chaque biscuit est recouvert d'une épaisse couche de pignons qui, en rôtissant durant la cuisson, acquièrent une belle coloration dorée. Vous pouvez remplacer les pignons par des amandes mondées en julienne.

Biscuits ronds aux pignons et aux figues

Donne 12 biscuits · Préparation 15 min · Cuisson 160 °C (325 °F), environ 20 min

- Placer une grille au centre du four. Préchauffer le four à 160 °C (325 °F). Tapisser une plaque à pâtisserie de papier sulfurisé.

- Dans un bol de grosseur moyenne, tamiser la farine, le sel et la cannelle. Réserver. Dans un grand bol, au moyen d'un batteur électrique à vitesse moyenne, fouetter le beurre et la cassonade jusqu'à ce que le mélange devienne onctueux et acquière une couleur un peu plus pâle qu'au départ, environ 1 min. Au besoin, racler les parois du bol. En battant à basse vitesse, ajouter le mélange de farine et remuer jusqu'à l'obtention d'une pâte lisse. Incorporer les figues.

- En prélevant une cuillerée à soupe comble (équivalant à environ 3 c. à soupe rases) de pâte pour chaque biscuit, rouler la pâte en boule entre les paumes des mains. Aplatir chaque biscuit avec la paume de la main de façon à obtenir un disque de 7,5 cm (3 po) de diamètre et disposer les biscuits sur la plaque en les espaçant de 2,5 cm (1 po). (Les biscuits s'étendent peu durant la cuisson.) Répartir une bonne quantité de pignons sur chaque biscuit, en les pressant légèrement dans la pâte. Utiliser environ 40 pignons par biscuit.

- Cuire les biscuits jusqu'à ce que les bords soient brun pâle et les pignons légèrement grillés, environ 20 min. Laisser tiédir les biscuits sur la plaque à pâtisserie pendant 5 min, puis, à l'aide d'une grande spatule en métal, les transférer sur une grille pour qu'ils refroidissent complètement. Les biscuits deviendront croustillants en refroidissant.

- Les biscuits peuvent se conserver jusqu'à 3 jours dans un contenant hermétique à la température ambiante.

Oreilles d'éléphant aux amandes

Donne 12 biscuits · Préparation 35 min · Cuisson 190 °C (375 °F),
sur deux plaques à pâtisserie, environ 15 min chacune

PÂTE À BISCUITS

• Dans un grand bol, tamiser la farine, le bicarbonate de soude et le sel.
Ajouter le beurre et mélanger au batteur électrique à basse vitesse (ou au
mélangeur à pâte) jusqu'à ce que les plus gros morceaux de beurre soient de
la grosseur de petits haricots de Lima, environ 20 sec. Il restera dans le bol
une petite quantité de farine. Ajouter la crème sure et mélanger jusqu'à la
formation de gros morceaux de pâte qui n'adhèrent pas aux parois du bol,
environ 15 sec. (Ajouter la crème sure et remuer avec une grosse cuillère
environ 2 min jusqu'à obtention d'une pâte onctueuse.) Façonner la pâte en
boule et l'aplatir de façon à former un rectangle d'environ 20 x 12,5 cm
(8 x 5 po). Vous pourrez discerner de petits morceaux de beurre dans la
pâte, qui contribueront à donner une agréable texture feuilletée aux biscuits.
Envelopper le tout dans une pellicule de plastique et réfrigérer pendant 30 à
60 min pour que la pâte se détende et refroidisse. La pâte peut aussi être
réfrigérée jusqu'au lendemain, mais vous devrez alors la laisser reposer à la
température ambiante jusqu'à ce qu'elle soit suffisamment molle pour être
facilement abaissée, ce qui peut prendre aussi longtemps que 1 h dans une
cuisine fraîche.

GARNITURE

• Dans un grand bol, à l'aide d'un batteur électrique à vitesse moyenne, fouetter en crème la pâte d'amande et le beurre. Ajouter le sucre semoule, la crème
ou le lait, la vanille et l'extrait d'amande et mélanger jusqu'à obtention d'une
pâte onctueuse et lisse. (Ou préparer la garniture dans un robot culinaire. Mettre
tous les ingrédients dans le robot et, en commençant par quelques brèves tou-
ches successives, mélanger jusqu'à l'obtention d'une pâte onctueuse, environ 1
min.) Transférer le tout dans un petit bol, couvrir et réserver à la température
ambiante pendant 1 h ou réfrigérer si vous comptez poursuivre le lendemain.
• Placer une grille au centre du four. Préchauffer le four à 190 °C (375 °F).
Tapisser deux plaques à pâtisserie de papier sulfurisé.

• Déballer la pâte. Saupoudrer légèrement la surface de travail et le rouleau
à pâtisserie de farine et de sucre. Abaisser la pâte de manière à former un
rectangle de 35 sur 30 cm (14 x 12 po). Ne pas retourner l'abaisse, mais la

BISCUITS

• 300 g (2 tasses) de farine tout usage
non blanchie
• 1 c. à café (1 c. à thé) de bicarbonate
de soude
• 1/2 c. à café (1/2 c. à thé) de sel
• 240 g (1 tasse) de beurre non salé froid,
défait en morceaux de 12 mm (1/2 po)
• 125 g (1/2 tasse) de crème sure ou aigre

GARNITURE

• 210 g (7 oz) de pâte d'amande, défaite
ou coupée en 12 morceaux
• 2 c. à soupe de beurre non salé à
température ambiante
• 75 g (3/4 tasse) de sucre semoule
• 2 c. à café (2 c. à thé) de crème épaisse
(à fouetter) ou de lait
• 1/2 c. à café (1/2 c. à thé) d'extrait
de vanille
• 1 c. à café (1 c. à thé) d'extrait d'amande

• Environ 220 g (1 tasse) de sucre granulé
pour rouler la pâte

soulever et la tourner à plusieurs reprises pour éviter qu'elle ne colle à la surface. Lorsque vous soulevez et tournez la pâte, saupoudrez généreusement la surface de travail de sucre. À l'aide d'une fine spatule en métal, étaler une mince couche de garniture sur la pâte. Au besoin, tourner la pâte pour qu'un des côtés les moins larges se trouve face à vous.

• Sur les côtés mesurant 35 cm (14 po), marquer le centre de la pâte. En partant du côté le plus court de 30 cm (12 po) qui est le plus proche de vous, enrouler la pâte comme un roulé à la confiture jusqu'à la marque du centre. Puis, rouler la pâte en partant du côté le plus éloigné vers le centre jusqu'à ce que les deux rouleaux se rencontrent. Vous aurez alors deux bûches remplies de garniture rattachées l'une à l'autre. Retourner la double bûche pour pouvoir la couper plus facilement.

• Presser les extrémités des bûches pour les rendre plus lisses et, à l'aide d'un grand couteau aiguisé, couper la double bûche en 12 tranches de 2,5 cm (1 po) d'épaisseur. Plonger dans le sucre les deux faces de chaque tranche ainsi obtenue. Saupoudrer de sucre le rouleau à pâtisserie. Abaisser chaque tranche de pâte jusqu'à l'obtention d'un grand biscuit en forme de papillon d'environ 10 x 12,5 cm (4 x 5 po) et d'environ 5 mm (⅛ po) d'épaisseur, en saupoudrant le rouleau de sucre au besoin. Les biscuits n'auront pas tous exactement la même grosseur. À l'aide d'une grande spatule, transférer les biscuits sur les plaques en les espaçant d'au moins 2,5 cm (1 po). Saupoudrer environ ½ c. à café (½ c. à thé) de sucre sur chaque biscuit.

• Cuire les biscuits, une plaque à la fois, jusqu'à ce que le dessus soit d'un brun clair uniforme, environ 15 min. Les biscuits s'étendront d'environ 2,5 cm (1 po) et gonfleront légèrement durant la cuisson. Il se peut que la garniture pétille quelque peu sur certains biscuits, formant quelques taches foncées. Laisser tiédir les biscuits sur les plaques pendant 5 min, puis, à l'aide d'une grande spatule en métal, les transférer sur une grille pour qu'ils refroidissent complètement. L'extérieur des biscuits enrobés de sucre deviendra très croustillant à mesure que les biscuits refroidiront.

• Les biscuits peuvent se conserver jusqu'à 3 jours, placés en rangées simples, dans un contenant hermétique à la température ambiante.

Biscuits croquants à la semoule de maïs et aux raisins de Corinthe

Donne 14 biscuits · Préparation 15 min · Cuisson 180 °C (350 °F), sur deux plaques à pâtisserie, environ 15 min chacune

- Placer une grille au centre du four. Préchauffer le four à 180 °C (350 °F). Tapisser deux plaques à pâtisserie de papier sulfurisé.

- Dans un bol de grosseur moyenne, tamiser la farine, la semoule de maïs, la levure chimique et le sel. Réserver. Dans un grand bol, à l'aide d'un batteur électrique à vitesse moyenne, fouetter le beurre, 165 g (¾ tasse) de sucre et le zeste de citron jusqu'à obtention d'un mélange onctueux et crémeux et légèrement plus pâle qu'au départ, environ 1 min. Au besoin, racler les parois du bol. Ajouter les jaunes d'œufs et la vanille et bien mélanger, environ 1 min. En battant à basse vitesse, ajouter le mélange de farine et remuer juste assez pour l'incorporer complètement au reste de la préparation. Ajouter les raisins de Corinthe et les pacanes hachées.

- Saupoudrer les 3 c. à soupe de sucre restantes sur une grande feuille de papier sulfurisé ou ciré. À l'aide d'une cuillère à crème glacée ou d'une mesure d'une capacité de 60 ml (¼ tasse), prélever des portions de pâte. Rouler chaque portion entre les paumes des mains pour former une boule lisse, puis rouler chaque boule dans le sucre et l'aplatir de façon à obtenir un cercle d'environ 9 cm (3 ½ po) de diamètre. Disposer les cercles ainsi obtenus sur les plaques en les espaçant d'au moins 5 cm (2 po). Si désiré, placer une demi-pacane au centre de chaque biscuit en la pressant légèrement dans la pâte.

- Cuire les biscuits, une plaque à la fois, jusqu'à ce que le dessous et les bords soient légèrement bruns, environ 15 min. Laisser tiédir les biscuits sur les plaques à pâtisserie pendant 5 min, puis, à l'aide d'une grande spatule en métal, les transférer sur une grille pour qu'ils refroidissent complètement.

- Les biscuits peuvent se conserver jusqu'à 3 jours dans un contenant hermétique à la température ambiante.

- 225 g (1 ½ tasse) de farine tout usage non blanchie
- 50 g (½ tasse) de semoule de maïs jaune
- 1 c. à café (1 c. à thé) de levure chimique (poudre à lever)
- ¼ c. à café (¼ c. à thé) de sel
- 180 g (¾ tasse) de beurre non salé à température ambiante
- 165 g (¾ tasse) plus 3 c. à soupe de sucre
- 1 c. à café (1 c. à thé) de zeste de citron, finement râpé
- 2 jaunes d'œufs de gros calibre
- 1 c. à café (1 c. à thé) d'extrait de vanille
- 90 g (½ tasse) de raisins secs de Corinthe
- 60 g (½ tasse) de pacanes, hachées, plus 14 moitiés de pacanes (facultatif)

- 225 g (1 ½ tasse) de farine tout usage non blanchie
- ½ c. à café (½ c. à thé) de bicarbonate de soude
- 120 g (½ tasse) de beurre non salé à la température ambiante
- 120 g (½ tasse) de beurre d'arachide crémeux à la température ambiante
- 110 g (½ tasse) de sucre granulé
- 65 g (⅓ tasse) de cassonade ou de sucre roux, bien tassé
- 1 œuf de gros calibre
- 1 c. à café (1 c. à thé) d'extrait de vanille
- 100 g (1 tasse) d'arachides légèrement salées, hachées grossièrement

NOTE

Pour confectionner ces biscuits, la pâte est façonnée en un épais lingot, puis réfrigérée et coupée en tranches égales avant la cuisson. Cette méthode élimine la nécessité d'abaisser la pâte et constitue un moyen rapide de préparer les biscuits. Une fois le lingot de pâte refroidi et ferme, il est facile de le découper en tranches minces et uniformes. Il est possible de réfrigérer la pâte jusqu'au lendemain avant de faire cuire les biscuits, ou de la congeler pendant une période pouvant aller jusqu'à 1 mois et la cuire au moment qui vous convient. Laissez dégeler la pâte au réfrigérateur pendant au moins 8 h ou jusqu'au lendemain.

- Dans un bol de grosseur moyenne, tamiser la farine et le bicarbonate de soude. Réserver. Dans un grand bol, à l'aide d'un batteur électrique à vitesse moyenne, fouetter le beurre et le beurre d'arachide juste assez pour les amalgamer. Au besoin, racler les parois du bol. Ajouter le sucre granulé et la cassonade et battre jusqu'à obtention d'un mélange onctueux, environ 30 sec. Ajouter l'œuf et la vanille et bien mélanger, environ 1 min. En battant à basse vitesse, ajouter le mélange de farine et remuer juste assez pour l'incorporer au reste de la préparation.

- Façonner la pâte en un lingot d'environ 12,5 x 7,5 cm (5 x 3 po) et de 6 cm (2 ½ po) d'épaisseur. Envelopper le lingot dans de la pellicule plastique et réfrigérer pour raffermir légèrement la pâte, environ 30 min.

- Façonner le lingot à nouveau et le remballer (cela permet d'obtenir une forme mieux définie). Réfrigérer la pâte pendant au moins 3 h, ou jusqu'au lendemain, jusqu'à ce qu'elle soit froide et ferme. Ou l'emballer soigneusement et la congeler pendant une période pouvant aller jusqu'à 1 mois. Laisser la pâte décongeler au réfrigérateur avant de l'utiliser.

- Placer une grille au centre du four. Préchauffer le four à 180 °C (350 °F). Tapisser deux plaques à pâtisserie de papier sulfurisé.

- Déballer la pâte refroidie. À l'aide d'un grand couteau aiguisé, couper la pâte en 15 tranches de 8 mm (⅓ po) d'épaisseur et disposer les tranches sur les plaques en les espaçant de 7,5 cm (3 po). Parsemer uniformément sur chaque biscuit environ 1 c. à soupe d'arachides hachées, et presser les arachides délicatement mais fermement dans la pâte. Ce processus fera s'étaler les biscuits d'environ 12 mm (½ po).

- Cuire les biscuits, une plaque à la fois, jusqu'à ce que le dessous et les bords soient légèrement bruns, environ 14 min. Laisser tiédir les biscuits sur les plaques à pâtisserie pendant 5 min, puis, à l'aide d'une grande spatule en métal, les transférer sur une grille pour qu'ils refroidissent complètement. Servir à la température ambiante.

- Les biscuits peuvent se conserver jusqu'à 3 jours dans un contenant hermétique à la température ambiante.

Longs biscottis aux amandes et aux abricots

Donne 12 biscuits · Préparation 20 min · Cuisson 180 °C (350 °F), environ 20 min, puis à 150 oC (300 oF), environ 30 min

- Placer une grille au centre du four. Préchauffer le four à 180 °C (350 °F).

- Étaler les amandes sur une plaque à pâtisserie et les faire griller pendant 5 min. Les transférer dans un petit bol et laisser refroidir. Tapisser une plaque à pâtisserie de papier sulfurisé.

- Dans un grand bol, à l'aide d'une fourchette, mélanger la farine, la levure chimique, le sel et la cassonade pour bien amalgamer les ingrédients, jusqu'à ce que tous les grumeaux de cassonade disparaissent. À l'aide de la fourchette ou de vos doigts, réduire le beurre en petits morceaux de 12 mm (½ po) ou moins.

- Dans un petit bol, à l'aide d'une fourchette, battre les œufs, le lait, la vanille et l'extrait d'amande pour bien mélanger les ingrédients et défaire le jaune d'œuf. Incorporer le mélange liquide dans le mélange sec, puis, avec les doigts, remuer le tout afin de former une pâte onctueuse. En remuant à l'aide d'une grosse cuillère ou de vos doigts, incorporer les amandes.

- Diviser la pâte en deux portions égales. Sur une surface légèrement farinée, façonner une portion de pâte en un carré de 17,5 cm (7 po) de côté. Avec l'arête de la main, former un sillon d'environ 5 cm (2 po) au centre de la pâte. Répartir la moitié des morceaux d'abricot dans le sillon. Replier les deux côtés de la pâte vers le centre pour y enfermer les abricots. Glisser une grande spatule en métal sous la bûche de pâte afin de la détacher de la surface de travail, et la glisser sur la plaque à pâtisserie. Presser sur la pâte afin de façonner un rectangle de 20 x 15 cm (8 x 6 po). Répéter l'opération avec l'autre portion de pâte. Les bûches de pâte devraient être placées à une distance de 5 cm (2 po) l'une de l'autre sur la plaque à pâtisserie. Badigeonner légèrement de dorure à l'œuf.

- Cuire jusqu'à ce que les bords soient bruns et que le dessus soit ferme au toucher et d'une couleur dorée, environ 20 min. Laisser refroidir les bûches de pâte partiellement cuites sur la plaque à pâtisserie posée sur une grille, pendant 20 min. Réduire la température du four à 150 °C (300 °F).

PRÉPARATION

- 100 g (1 tasse) d'amandes entières non mondées (avec la peau)
- 300 g (2 tasses) de farine tout usage non blanchie
- 1 c. à café (1 c. à thé) de levure chimique (poudre à lever)
- ¼ c. à café (¼ c. à thé) de sel
- 150 g (¾ tasse) de cassonade ou de sucre roux, bien tassé
- 5 c. à soupe de beurre non salé, froid, défait en morceaux de 12 mm (½ po) ou moins
- 1 œuf de gros calibre, plus 1 gros jaune d'œuf battu avec 1 c. à soupe d'eau (dorure à l'œuf)
- 80 ml (⅓ tasse) de lait entier
- ½ c. à café (½ c. à thé) d'extrait de vanille
- ¼ c. à café (¼ c. à thé) d'extrait d'amande
- 160 g (1 tasse) d'abricots séchés, coupés en petits morceaux

suite à la page 88

- À l'aide d'une grande spatule en métal, transférer les deux bûches sur une planche à découper. À l'aide d'un grand couteau aiguisé, découper six tranches de 2,5 cm (1 po) d'épaisseur dans le sens de la longueur. Tapisser la plaque à pâtisserie d'une feuille de papier sulfurisé propre. À l'aide d'une spatule, disposer soigneusement les tranches de biscuit sur la plaque, à 2,5 cm (1 po) d'intervalle.

- Cuire pendant 30 min. Laisser tiédir les biscottis pendant 5 min sur la plaque à pâtisserie, puis les transférer soigneusement sur une grille pour qu'ils refroidissent complètement.

- Les biscottis peuvent se conserver jusqu'à 1 semaine dans un contenant hermétique à la température ambiante.

NOTE

Vous pouvez remplacer les amandes par des noix ou des pacanes, et les abricots par des canneberges séchées, des raisins secs ou des morceaux de dattes. Les biscottis sont idéaux pour tremper dans du thé ou du café.

Fondants géants aux pacanes et au beurre

Donne 18 biscuits · Préparation 15 min · Cuisson 160 °C (325 °F), sur deux plaques à pâtisserie, environ 23 min chacune

- 300 g (2 tasses) de farine tout usage non blanchie
- 1 c. à café (1 c. à thé) de levure chimique (poudre à lever)
- ½ c. à café (½ c. à thé) de sel
- ½ c. à café (½ c. à thé) de cannelle moulue
- 240 g (1 tasse) de beurre non salé à température ambiante
- 110 g (½ tasse) de sucre semoule, plus 3 c. à soupe pour décorer
- 2 c. à café (2 c. à thé) d'extrait de vanille
- 150 g (1 ½ tasse) de pacanes, finement moulues

NOTE

Voici une version géante de ces délicats biscuits aux noix enrobés de sucre en poudre connus sous le nom de biscuits de mariage mexicain ou biscuits moulés russes. Il s'agit également de la version rapide où l'on tranche la pâte avant la cuisson. On découpe des biscuits de forme carrée à partir d'un bloc de pâte préalablement réfrigéré. Les pacanes peuvent être efficacement moulues au robot culinaire.

- Dans un bol de grosseur moyenne, tamiser la farine, la levure chimique, le sel et la cannelle. Réserver. Dans un grand bol, à l'aide d'un batteur électrique à vitesse moyenne, fouetter le beurre, le sucre semoule et la vanille jusqu'à obtention d'un mélange onctueux, environ 1 min. Au besoin, racler les parois du bol. En battant à basse vitesse, ajouter le mélange de farine et remuer juste assez pour l'incorporer au reste de la préparation, et jusqu'à ce que la pâte ait une apparence onctueuse. Ajouter les pacanes et bien mélanger.

- Façonner la pâte en un bloc de 15 x 6 cm (6 x 2 ½ po) et de 6 cm (2 ½ po) d'épaisseur. Envelopper le bloc dans une pellicule plastique et réfrigérer pendant au moins 3 h ou jusqu'au lendemain, pour que la pâte soit froide et ferme.

- Placer une grille au centre du four. Préchauffer le four à 160 °C (325 °F). Tapisser deux plaques à pâtisserie de papier sulfurisé.

- Déballer la pâte refroidie. À l'aide d'un couteau aiguisé, couper la pâte en 18 tranches de 8 mm (⅓ po) d'épaisseur. Disposer les biscuits sur les plaques en les espaçant de 2,5 cm (1 po). (Les biscuits s'étalent peu à la cuisson.)

- Cuire les biscuits, une plaque à la fois, jusqu'à ce que les bords et le dessous soient légèrement bruns, environ 23 min. Laisser tiédir sur les plaques à pâtisserie pendant 5 min, puis, à l'aide d'une grande spatule en métal, les transférer sur une grille pour qu'ils refroidissent complètement.

- Placer les biscuits tout près les uns des autres sur la grille. Saupoudrer les 3 c. à soupe de sucre semoule restants sur les biscuits afin de les en recouvrir légèrement mais uniformément.

- Les biscuits peuvent se conserver jusqu'à 3 jours dans un contenant hermétique à la température ambiante.

DES BISCUITS-SANDWICHES GÉANTS

Enfant, j'ai toujours été irrésistiblement attirée par les biscuits fourrés, que l'on appelle aussi biscuits-sandwiches. Deux biscuits réunis par une succulente garniture : un délice qui a attisé ma convoitise dès le premier regard. Lorsque vous voulez servir des biscuits comme dessert, ils sont tout indiqués. Les biscuits fourrés au citron et au gingembre constituent de petites tartelettes acidulées idéales pour une fête d'après-midi, les « Whoopie pies » au citron (p. 92) sont parfaites pour les festivités printanières et les Biscuits-brownies au fudge fourrés à la crème glacée (p. 110) sont une véritable apothéose en toute occasion. Les biscuits fourrés ont une liste d'ingrédients légèrement plus longue que les biscuits simples, mais leur garniture est toujours rapide et facile à préparer. Malgré leur apparence impressionnante, ces biscuits sont faciles à confectionner, car leurs composantes nous sont très familières. Glaçage à préparation rapide, ganaches au chocolat et à la crème, confiture et crème glacée constituent autant de choix de garnitures.

L'ensemble de ces garnitures peuvent servir pour plusieurs biscuits différents. Une bonne partie des biscuits mous et tendres présentés dans les chapitres précédents peuvent être servis en version sandwich. En effet, la qualité essentielle que doit posséder tout bon biscuit fourré est de ne pas être trop épais ni trop dur, afin d'éviter que la garniture ne déborde sur les côtés lorsqu'on tente de prendre une bouchée. Choisissez des jumelages de saveurs qui vous plaisent et créez vos propres combinaisons. Ainsi, vous pouvez remplir des Biscuits aux flocons d'avoine à l'érable et aux canneberges (p. 26) ou des Biscuits à

la citrouille et aux pépites de caramel au beurre (p. 27) d'une garniture au fromage à la crème parfumée à la cannelle, par exemple, ou des Croustillants au beurre d'amande (p. 44) de Garniture au fromage à la crème parfumée au citron (p. 93).

Les biscuits fourrés peuvent être confectionnés en deux étapes et préparés à l'avance. Vous pouvez les cuire un jour et ajouter la garniture le lendemain. Ils peuvent tous être emballés individuellement et gardés au congélateur pendant une période pouvant aller jusqu'à un mois. Je trouve réconfortant de savoir que j'ai dans mon congélateur un contenant rempli de biscuits fourrés prêts à manger. Vous pouvez aussi congeler des biscuits simples et y ajouter la garniture au moment de servir. À l'exception des oreillers géants aux raisins secs, dont le fourrage est littéralement scellé entre deux biscuits, tous ces biscuits peuvent aussi être savourés sans garniture.

J'ai gardé le diamètre des biscuits à 10 cm (4 po) ou moins, car un biscuit fourré de trop grandes dimensions constitue une portion un peu lourde. Il existe une façon agréable de servir plusieurs de ces biscuits, consistant à les diviser en quarts. Ils forment des portions fort agréables à l'œil, qui permettent à vos invités de goûter plusieurs variétés. Toutefois, les biscuits fourrés croustillants, comme les Croustillants au beurre d'amande fourrés à la ganache au chocolat (p. 112) et les Biscuits fourrés au citron et au gingembre (p. 98) ont avantage à rester entiers, car ils risquent de s'effriter sous l'action du couteau. Les sandwiches à la crème glacée se coupent aisément et peuvent être servis accompagnés d'une trempette de sauces à coupes glacées.

« *Whoopie pies* » *au citron*

Donne 8 biscuits fourrés · Préparation 25 min · Cuisson 180 °C (350 °F), sur deux plaques à pâtisserie, environ 12 minutes chacune

- Placer une grille au centre du four. Préchauffer le four à 180 °C (350 °F). Tapisser deux plaques à pâtisserie de papier sulfurisé et beurrer le papier.

BISCUITS

- Dans un bol de grosseur moyenne, tamiser la farine, la levure chimique, le bicarbonate de soude et le sel. Réserver. Dans un grand bol, à l'aide d'un batteur électrique à vitesse moyenne, fouetter le beurre, le sucre et le zeste de citron jusqu'à obtention d'un mélange onctueux, environ 1 min. Au besoin, racler les parois du bol. Ajouter l'œuf, le jus de citron et la vanille et bien mélanger, environ 1 min. Il se peut que la pâte ait une apparence caillée. En battant à basse vitesse, ajouter la moitié du mélange de farine et remuer juste assez pour l'incorporer au reste de la préparation. Incorporer le babeurre. Incorporer le reste du mélange de farine et la pâte retrouvera sa consistance lisse.
- Déposer des cuillerées à soupe combles (équivalant chacune environ à 3 c. à soupe rases) de pâte sur les plaques à pâtisserie, en les espaçant de 7,5 cm (3 po). Cuire les biscuits, une plaque à la fois, jusqu'à ce qu'un cure-dents inséré au centre en ressorte propre et que le dessus des biscuits soit ferme au toucher, environ 12 min. Seule une mince bordure autour des biscuits, et non le centre, devrait brunir. Laisser tiédir les biscuits sur les plaques à pâtisserie pendant 10 min, puis, à l'aide d'une grande spatule en métal, les transférer sur une grille pour qu'ils refroidissent complètement.

BISCUITS

- 225 g (1 ½ tasse) de farine tout usage non blanchie
- ½ c. à café (½ c. à thé) de levure chimique (poudre à lever)
- ¼ c. à café (¼ c. à thé) de bicarbonate de soude
- ¼ c. à café (¼ c. à thé) de sel
- 6 c. à soupe de beurre non salé à la température ambiante
- 220 g (1 tasse) de sucre
- 1 c. à café (1 c. à thé) de zeste de citron, finement râpé
- 1 œuf de gros calibre
- 1 c. à soupe de jus de citron frais
- 1 c. à café (1 c. à thé) d'extrait de vanille
- 125 ml (½ tasse) de babeurre (n'importe quel pourcentage de gras fera l'affaire)

GARNITURE AU FROMAGE À LA CRÈME PARFUMÉ AU CITRON

- 6 c. à soupe de beurre non salé à la température ambiante
- 180 g (6 oz) de fromage à la crème à température ambiante
- 1 c. à café (1 c. à thé) d'extrait de vanille
- 1 c. à café (1 c. à thé) de zeste de citron, finement râpé
- 2 c. à soupe de jus de citron frais
- 275 g (2 ¾ tasses) de sucre semoule

PRÉPARATION

GARNITURE AU FROMAGE À LA CRÈME PARFUMÉE AU CITRON.

- Dans un grand bol, à l'aide d'un batteur électrique à basse vitesse, fouetter le beurre, le fromage à la crème, la vanille, le zeste de citron et le jus de citron jusqu'à ce que le tout soit bien mélangé et jusqu'à obtention d'une consistance onctueuse, environ 1 min. Ajouter le sucre semoule et mélanger jusqu'à homogénéité, environ 1 min. Si le glaçage est trop coulant pour garder sa forme, réfrigérer jusqu'à ce qu'il raffermisse, environ 30 min.
- Retourner la moitié des biscuits à l'envers, de façon à ce que le côté plat soit sur le dessus. À l'aide d'une mince spatule en métal, tartiner chaque biscuit retourné d'environ 60 ml (¼ tasse) de garniture, en laissant une bordure vide de 6 mm (¼ po) tout autour. (Une cuillère à crème glacée d'une capacité de 60 ml (¼ tasse) permet de procéder rapidement à cette étape.) Placer l'autre moitié des biscuits sur la garniture et presser légèrement.

- Envelopper chaque biscuit dans de la pellicule plastique et réfrigérer pendant au moins 1 h. Servir froid. Les biscuits enveloppés peuvent se conserver jusqu'à 4 jours au réfrigérateur

NOTE

Tendres, légers et mous, ces biscuits ressemblent au-dessus d'un muffin. Séparés par une couche épaisse de garniture au fromage à la crème parfumée au citron, ils sont tout simplement succulents.

Un citron ordinaire donne en moyenne 2 c. à café (2 c. à thé) de zeste (la partie jaune de la peau) et 3 c. à soupe de jus. Assurez-vous de retirer le zeste avant de presser le citron pour en extraire le jus. La pâte, dont la consistance s'apparente à celle de la pâte à gâteau, se décolle facilement d'une feuille de papier sulfurisé beurrée.

Biscuits aux amandes grillées fourrés à la confiture de bleuets

Donne 10 biscuits fourrés · Préparation 25 min, plus le temps de réfrigération · Cuisson 160 °C (325 °F), sur deux plaques à pâtisserie, environ 18 min chacune

- 300 g (2 tasses) de farine tout usage non blanchie
- ½ c. à café (½ c. à thé) de sel
- 240 g (1 tasse) de beurre non salé à la température ambiante
- 75 g (¾ tasse) de sucre semoule, et un peu plus pour décorer
- 1 c. à café (1 c. à thé) d'extrait de vanille
- ¾ c. à café (¾ c. à thé) d'extrait d'amande
- 100 g (1 tasse) d'amandes entières mondées, grillées (voir page XX) puis finement moulues
- 6 c. à soupe de confiture de bleuets

• Dans un bol de grosseur moyenne, tamiser la farine et le sel. Réserver. Dans un grand bol, à l'aide d'un batteur électrique à vitesse moyenne, fouetter le beurre et le sucre semoule jusqu'à ce que le mélange soit onctueux et d'une couleur un peu plus pâle qu'au départ, environ 1 min. Au besoin, racler les parois du bol. En battant à basse vitesse, incorporer la vanille, l'extrait d'amande et les amandes moulues. Ajouter le mélange de farine et remuer juste assez pour l'incorporer complètement au reste de la préparation et jusqu'à ce que la pâte se rassemble en boule.

• Diviser la pâte en 2 portions et former 2 disques d'environ 15 cm (6 po) de diamètre. Envelopper chacun des disques dans de la pellicule plastique et réfrigérer jusqu'à ce que la pâte soit suffisamment refroidie et ferme pour être abaissée, environ 40 min.

• Préchauffer le four à 160 °C (325 °F). Tapisser deux plaques à pâtisserie de papier sulfurisé.

• Retirer l'une des deux portions de pâte du réfrigérateur. Placer la pâte entre deux grandes feuilles de papier ciré et l'abaisser de manière à former un rectangle d'environ 20 x 30 cm (8 x 12 po) et de 6 mm (¼ po) d'épaisseur. Retirer la feuille de papier ciré du dessus et la jeter. À l'aide d'un emporte-pièce, découper des cercles de 9 cm (3 ½ po) de diamètre (ou toute autre forme de votre choix), en laissant les biscuits ainsi formés sur la feuille de papier ciré. Retourner la feuille de papier ciré, en décoller les biscuits et, à l'aide d'une spatule de métal, disposer les biscuits à 2,5 cm (1 po) d'intervalle sur les plaques à pâtisserie. (Les biscuits s'étalent peu à la cuisson.) Mettre de côté les chutes de pâte. À l'aide de deux feuilles de papier ciré propres, abaisser et découper la deuxième portion de pâte. Rassembler toutes les chutes de pâte, former un disque puis abaisser la pâte et la découper de nouveau. Vous devriez obtenir 20 biscuits au total.

• Découper un cercle (ou une autre forme) de 2,5 cm (1 po) au centre de la moitié des biscuits et retirer la partie découpée (l'extrémité évasée d'une douille à pâtisserie peut servir à pratiquer ces trous). Les «trous» peuvent être cuits avec les biscuits et servir de goûter.

- Cuire les biscuits, une plaque à la fois, jusqu'à ce que les bords soient brun pâle et que le dessus soit ferme, environ 18 min. Laisser tiédir les biscuits sur la plaque à pâtisserie pendant 5 min, puis, à l'aide d'une grande spatule en métal, les transférer sur une grille pour qu'ils refroidissent complètement.

- Retourner les biscuits non troués de façon à ce que le côté lisse soit sur le dessus. En laissant une bordure vide de 6 mm (¼ po) tout autour, étaler une cuillerée à café comble de confiture sur chacun. Saupoudrer de sucre semoule les biscuits dotés d'un orifice et les déposer sur la couche de confiture.

- Les biscuits peuvent se conserver jusqu'à 3 jours dans un contenant hermétique à la température ambiante.

NOTE

Le biscuit du dessus a un orifice pratiqué en son centre en plus d'être saupoudré de sucre en poudre, pour que l'appétissante confiture ressorte encore mieux sur la surface blanche. Les confitures aux framboises, aux mûres ou aux fraises (sans pépins) constituent d'autres bons choix de garniture. Le fait d'abaisser cette pâte souple entre des feuilles de papier ciré constitue un moyen facile de l'empêcher d'adhérer à la surface de travail.

Biscuits aux amandes grillées fourrés à la confiture de bleuets, p. 94

Biscuits fourrés au citron et au gingembre, p. 98

Biscuits fourrés au citron et au gingembre

Donne 9 biscuits fourrés · Préparation 25 min, plus le temps de réfrigération
· Cuisson 160 °C (325 °F), sur deux plaques à pâtisserie, environ 20 min chacune

BISCUITS

- Dans un bol de grosseur moyenne, tamiser la farine, le sel, le gingembre et la cannelle. Réserver. Dans un grand bol, à l'aide d'un batteur électrique à vitesse moyenne, fouetter le beurre et le sucre semoule jusqu'à ce que le mélange soit onctueux et d'une couleur un peu plus pâle qu'au départ, environ 1 min. Au besoin, racler les parois du bol. En battant à basse vitesse, incorporer le zeste de citron, la vanille et les amandes broyées.
Ajouter le mélange de farine et remuer juste assez pour l'incorporer complètement au reste de la préparation et jusqu'à ce que la pâte se tienne et se détache facilement des parois du bol.

- Diviser la pâte en 2 et former 2 disques d'environ 15 cm (6 po) de diamètre. Envelopper chacun des disques dans de la pellicule plastique et réfrigérer jusqu'à ce que la pâte soit suffisamment refroidie et ferme pour être abaissée, environ 40 min.

- Préchauffer le four à 160 °C (325 °F). Tapisser deux plaques à pâtisserie de papier sulfurisé.

- Retirer l'une des deux portions de pâte du réfrigérateur. Fariner légèrement la surface de travail et le rouleau à pâtisserie. Abaisser la pâte en un rectangle d'environ 20 x 30 cm (8 x 12 po) et de 6 mm (¼ po) d'épaisseur. Glisser une mince spatule en métal sous la pâte pour la décoller de la surface de travail. À l'aide d'un emporte-pièce de forme arrondie et au pourtour cannelé, découper dans la pâte des cercles de 8 à 9 cm (3 ¼ à 3 ½ po) de diamètre (ou toute autre forme de votre choix). Mettre de côté les chutes de pâte. À l'aide d'une spatule en métal, placer les cercles à 2,5 cm (1 po) d'intervalle sur l'une des plaques à pâtisserie. (Les biscuits s'étalent peu à la cuisson.) Répéter avec la deuxième portion de pâte. Rassembler toutes les chutes de pâte, former un disque et répéter la même opération. Vous devriez obtenir 18 biscuits au total.

- Découper un cercle (ou une autre forme) de 2,5 cm (1 po) dans le centre de la moitié des biscuits et retirer la partie découpée (l'extrémité évasée d'une douille à pâtisserie peut servir à pratiquer ces trous.) Les «trous» ainsi obtenus peuvent être cuits avec les biscuits et servir de goûter.

PRÉPARATION

INGRÉDIENTS

BISCUITS

- 300 g (2 tasses) de farine tout usage non blanchie
- ½ c. à café (½ c. à thé) de sel
- 2 ½ c. à café (2 ½ c. à thé) de gingembre moulu
- 1 c. à café (1 c. à thé) de cannelle moulue
- 240 g (1 tasse) de beurre non salé à la température ambiante
- 100 g (1 tasse) de sucre semoule
- 2 c. à café (2 c. à thé) de zeste de citron, finement râpé
- 1 c. à café (1 c. à thé) d'extrait de vanille
- 100 g (1 tasse) d'amandes entières mondées, grillées et finement moulues

• Cuire les biscuits, une plaque à la fois, jusqu'à ce que les bords soient brun pâle et que le dessus soit ferme, environ 20 min. Laisser tiédir les biscuits sur les plaques à pâtisserie pendant 5 min, puis, à l'aide d'une grande spatule en métal, les transférer sur une grille pour qu'ils refroidissent complètement.

GARNITURE AU CITRON

GARNITURE AU CITRON
- 120 g (½ tasse) de beurre non salé à la température ambiante
- 150 g (1 ½ tasse) de sucre semoule
- 2 c. à café (2 c. à thé) de zeste de citron , finement râpé
- 1 c. à soupe de jus de citron frais

• Dans un bol de grosseur moyenne, à l'aide d'un batteur électrique à vitesse moyenne, fouetter le beurre, le sucre semoule, le zeste de citron et le jus de citron jusqu'à consistance onctueuse.

• Retourner les biscuits non troués de façon à ce que le côté plat soit sur le dessus. En laissant un espace de 3 mm (⅛ po) tout autour, étaler environ 2 c. à soupe de garniture sur chacun des biscuits retournés. Placer les biscuits dotés d'un orifice, côté lisse vers le bas, sur les biscuits recouverts de garniture.

• Les biscuits fourrés peuvent être emballés individuellement dans une pellicule plastique et conservés jusqu'à 4 jours au réfrigérateur dans un contenant hermétique. Servir à la température ambiante.

NOTE

Le zeste de citron donne toujours un mordant exquis quand on désire obtenir une saveur citronnée. C'est en effet du zeste que ces biscuits et leur garniture tirent leur puissante saveur. Extrayez en même temps la portion de zeste destinée aux biscuits et celle destinée à la garniture et gardez le tout bien couvert jusqu'à utilisation. Un emporte-pièce de forme arrondie à bordure cannelée convient bien à ces biscuits, mais les emporte-pièces en forme de cœur, d'arbre ou d'étoile constituent aussi de bons choix.

Doubles biscuits aux dattes et à la crème à la banane

Donne 8 biscuits fourrés · Préparation 25 min · Cuisson 180 °C (350 °F), sur deux plaques à pâtisserie, environ 15 min chacune

- Placer une grille au centre du four. Préchauffer le four à 180 °C (350 °F). Tapisser deux plaques à pâtisserie de papier sulfurisé et beurrer le papier.

- Dans un bol de grosseur moyenne, tamiser la farine, la levure chimique, le sel et la cannelle. Réserver. Dans un grand bol, à l'aide d'un batteur électrique à basse vitesse, fouetter le beurre, le sucre granulé et la cassonade jusqu'à obtention d'un mélange onctueux, environ 1 min. Au besoin, racler les parois du bol. Défaire les bananes en morceaux d'environ 2,5 cm (1 po). Ajouter les morceaux de banane à la préparation et mélanger jusqu'à ce qu'il ne reste que quelques petits morceaux visibles. Le mélange aura une apparence caillée. Ajouter l'œuf et la vanille et bien mélanger, environ 1 min. Ajouter le mélange de farine et remuer juste assez pour l'incorporer au reste de la préparation et jusqu'à ce que la pâte retrouve une consistance lisse. Ajouter les dattes.

- Déposer des cuillerées à soupe combles (équivalant chacune à environ 3 c. à soupe rases) de pâte sur les plaques à pâtisserie, en les espaçant de 7,5 cm (3 po). À l'aide d'une petite spatule, lisser les côtés et le dessus des biscuits, en les étalant légèrement jusqu'à ce qu'ils aient une épaisseur d'environ 2 cm (¾ po).

- Cuire les biscuits, une plaque à la fois, jusqu'à ce que le dessus soit ferme au toucher et qu'un cure-dents inséré au centre en ressorte propre, environ 15 min. Le dessus des biscuits ne devrait pas brunir. Laisser tiédir les biscuits sur les plaques à pâtisserie pendant 5 min, puis, à l'aide d'une grande spatule en métal, les transférer sur une grille pour qu'ils refroidissent complètement.

- Retourner la moitié des biscuits de façon que le côté lisse soit sur le dessus. À l'aide d'une mince spatule en métal, tartiner chaque biscuit retourné d'environ 1 c. à soupe comble de garniture. Presser légèrement l'autre moitié des biscuits sur la garniture, côté lisse vers le bas.

- Envelopper chaque biscuit dans de la pellicule plastique et réfrigérer pendant au moins 1 h. Servir froid. Les biscuits enveloppés peuvent se conserver jusqu'à 4 jours au réfrigérateur.

BISCUITS

- 300 g (2 tasses) de farine tout usage non blanchie
- ¾ c. à café (¾ c. à thé) de levure chimique (poudre à lever)
- ¼ c. à café (¼ c. à thé) de sel
- 1 c. à café (1 c. à thé) de cannelle moulue
- 120 g (½ tasse) de beurre non salé à la température ambiante
- 110 g (½ tasse) de sucre granulé
- 100 g (½ tasse) de cassonade ou de sucre roux, bien tassé
- 2 bananes bien mûres, pelées
- 1 œuf de gros calibre
- 1 c. à café (1 c. à thé) d'extrait de vanille
- 180 g (1 tasse) de dattes dénoyautées, en morceaux de 12 à 6 mm (½ à ¼ po)

GARNITURE AU FROMAGE À LA CRÈME PARFUMÉE À LA CANNELLE

- Voir Garniture au fromage à la crème parfumée au citron, page 93, et remplacer le jus et le zeste de citron par 1 ½ c. à café de cannelle moulue.

Galettes à la menthe poivrée

Donne 9 biscuits fourrés • Préparation 30 min, plus le temps de réfrigération de la pâte • Cuisson 160 °C (325 °F), sur deux plaques à pâtisserie, environ 15 min chacune

BISCUITS

- 300 g (2 tasses) de farine tout usage non blanchie
- 50 g (½ tasse) de poudre de cacao non sucrée alcalinisée
- ¼ c. à café (¼ c. à thé) de bicarbonate de soude
- ¼ c. à café (¼ c. à thé) de sel
- 240 g (1 tasse) de beurre non salé à la température ambiante
- 220 g (1 tasse) de sucre
- 1 œuf de gros calibre
- 1 c. à café (1 c. à thé) d'extrait de vanille

ENROBAGE AU CHOCOLAT NOIR

- 180 g (6 oz) de chocolat mi-sucré, haché
- 15 g (½ oz) de chocolat non sucré, haché
- 1 ½ c. à soupe d'huile de canola (colza) ou de maïs

PRÉPARATION

BISCUITS

- Dans un bol de grosseur moyenne, tamiser la farine, la poudre de cacao, le bicarbonate de soude et le sel. Réserver. Dans un grand bol, à l'aide d'un batteur électrique à basse vitesse, fouetter le beurre et le sucre granulé jusqu'à ce qu'ils soient bien amalgamés et que le mélange ait une couleur plus pâle qu'au départ, environ 2 min. Au besoin, racler les parois du bol. Ajouter l'œuf et la vanille et bien mélanger, environ 1 min. En battant à basse vitesse, ajouter le mélange de farine et remuer juste assez pour l'incorporer au reste de la préparation et jusqu'à ce que la pâte ait une consistance onctueuse. Couvrir et réfrigérer la pâte environ 20 min pour qu'elle raffermisse quelque peu.

- Placer une grille au centre du four. Préchauffer le four à 160 °C (325 °F). Tapisser deux plaques à pâtisserie de papier sulfurisé.

- Rouler des cuillerées à soupe combles (équivalant chacune à 3 c. à soupe rases) de pâte entre les paumes des mains de manière à former des boules de 4 cm (1 ½ po) de diamètre, que vous disposerez à 9 cm (3 ½ po) d'intervalle sur les plaques à pâtisserie. À l'aide de la paume des mains, aplatir les biscuits pour obtenir des rondelles de 6 à 7,5 cm (2 ½ à 3 po) de diamètre. Cuire les biscuits, une plaque à la fois, jusqu'à ce que le dessus soit ferme au toucher et ait une apparence plutôt terne. Laisser tiédir les biscuits sur les plaques à pâtisserie pendant 5 min, puis, à l'aide d'une grande spatule en métal, les transférer sur une grille pour qu'ils refroidissent complètement.

ENROBAGE AU CHOCOLAT NOIR

- Mettre les deux types de chocolats et l'huile dans un bain-marie à feu doux. Remuer le chocolat jusqu'à ce qu'il fonde et que la préparation soit lisse. Retirer de l'eau et laisser l'enrobage chocolaté refroidir et épaissir légèrement, environ 20 min.

- Verser à la cuillère l'enrobage chocolaté sur la moitié des biscuits, en utilisant 1 c. à soupe par biscuit. À l'aide du dos de la cuillère, étaler le chocolat uniformément et enrober les biscuits complètement. Si du chocolat s'écoule sur les côtés des biscuits, ne vous en faites pas. (Il vous restera environ

suite à la page 103

GARNITURE À LA MENTHE POIVRÉE
- 120 g (½ tasse) de beurre non salé à la température ambiante
- 200 g (2 tasses) de sucre en poudre
- 1 c. à café (1 c. à thé) d'extrait de vanille
- ½ c. à café (½ c. à thé) d'extrait de menthe poivrée

2 c. à soupe d'enrobage au chocolat pour un usage ultérieur, par exemple pour accompagner une portion de crème glacée.) Laisser les biscuits reposer à la température ambiante jusqu'à ce que le chocolat soit raffermi. Pour accélérer les choses, réfrigérer les biscuits environ 20 min.

GARNITURE À LA MENTHE POIVRÉE

- Dans un grand bol, à l'aide d'un batteur électrique à basse vitesse, fouetter le beurre, le sucre semoule, la vanille et l'extrait de menthe poivrée jusqu'à onctuosité, environ 1 min. La garniture sera très épaisse. Retourner les biscuits non recouverts de chocolat de façon à ce que le côté lisse soit sur le dessus. Déposer 1 c. à soupe comble de garniture au centre de chaque biscuit, et placer soigneusement un biscuit enrobé de chocolat sur la garniture, côté lisse vers le bas. Presser légèrement le biscuit pour étendre la garniture en une couche uniforme. La garniture ne se rendra pas jusqu'au bord.
- Envelopper chaque biscuit dans de la pellicule plastique et réfrigérer pendant au moins 2 h. Servir froid. Les biscuits enveloppés peuvent se conserver jusqu'à 4 jours au réfrigérateur.

VARIANTE

- Enrobez tous les biscuits avec la préparation au chocolat et servez-les ainsi. Dans ce cas, doublez la recette d'enrobage au chocolat et omettez la garniture à la menthe.

NOTE

Deux gaufrettes au chocolat recouvertes de chocolat, retenues ensemble par une épaisse couche de glaçage à la menthe poivrée, voilà un biscuit de dessert qui pourrait constituer autant le couronnement d'une réception élaborée que la conclusion rafraîchissante d'un repas bien épicé. Vous n'avez aucun projet de réjouissances en vue ? Ces biscuits constituent à eux seuls une raison de célébrer.

Oreillers géants aux raisins secs

Donne 12 biscuits fourrés • Préparation 25 min • Cuisson 190 °C (375 °F), environ 20 min

PRÉPARATION

• Préchauffer le four à 190 °C (375 °F). Tapisser une plaque à pâtisserie de papier sulfurisé.

GARNITURE

• Dans une casserole de grosseur moyenne, combiner les raisins secs, la cassonade, l'eau, la farine, la muscade et la cannelle et chauffer à feu moyen, en remuant souvent, jusqu'à ce que la cassonade se dissolve. Augmenter la chaleur à moyenne-élevée et porter le mélange à ébullition. Réduire la chaleur et laisser cuire à petits bouillons environ 2 min, en remuant de temps en temps, jusqu'à ce que le liquide devienne épais et sirupeux. Réserver à la température ambiante jusqu'à ce que le mélange soit tiède, environ 20 min. Une fois les raisins refroidis, ils auront une apparence lustrée et glacée.

BISCUITS

• Dans un grand bol, à l'aide d'un batteur électrique à basse vitesse, fouetter le beurre, le fromage à la crème et le sel jusqu'à homogénéité. Ajouter la farine et continuer de mélanger jusqu'à l'obtention d'une pâte onctueuse.

• Rouler 2 c. à soupe de pâte entre les paumes des mains pour former une boule lisse. Presser et aplatir cette boule pour obtenir un cercle de 9 cm (3 ½ po) que vous placerez sur la plaque à pâtisserie. Presser encore la pâte, au besoin, pour que le biscuit atteigne le diamètre requis. En laissant un espace vide de 6 mm (¼ po) en bordure du cercle, étendre 1 c. à soupe de la garniture aux raisins refroidie sur la pâte. Presser et aplatir de nouveau 2 c. à soupe de pâte pour former un cercle de 7,5 à 8 cm (3 à 3 ¼ po) de diamètre.

• Recouvrir la pâte avec la garniture aux raisins secs avec l'autre cercle de pâte et, à l'aide d'une fourchette, sceller ensemble le pourtour des deux cercles. (Le cercle du dessus est légèrement plus petit que celui du dessous, ce qui évitera au rebord scellé d'être trop épais.) Recommencer ces 2 étapes afin de préparer un total de 12 biscuits. Les placer sur la plaque à pâtisserie à 2,5 cm (1 po) d'intervalle.

INGRÉDIENTS

GARNITURE

• 305 g (1 ¾ tasse) de raisins secs
• 100 g (½ tasse) de cassonade ou de sucre roux, bien tassé
• 125 ml (½ tasse) d'eau
• 300 g (2 tasses) de farine tout usage non blanchie
• ¼ c. à café (¼ c. à thé) de muscade moulue
• ¼ c. à café (¼ c. à thé) de cannelle moulue

BISCUITS

• 240 g (1 tasse) de beurre non salé légèrement ramolli (environ 30 min)
• 180 g (6 oz) de fromage à la crème légèrement ramolli (environ 30 min)
• ⅛ c. à café (⅛ c. à thé) de sel
• 150 g (1 tasse) de farine tout usage non blanchie

• Cuire jusqu'à ce que les bords et le dessous des biscuits soient brun pâle, environ 20 min. Laisser tiédir les biscuits sur la plaque à pâtisserie pendant 5 min, puis, à l'aide d'une grande spatule en métal, les transférer sur une grille pour qu'ils refroidissent complètement.

GLAÇAGE

• Dans un petit bol, mélanger le sucre en poudre avec suffisamment de lait pour obtenir un glaçage épais mais coulant. Utiliser une petite spatule en métal ou un couteau peu aiguisé pour étaler une mince couche de glaçage sur chaque biscuit, sans recouvrir les bords. Laisser les biscuits reposer à la température ambiante jusqu'à ce que le glaçage soit ferme.
• Les biscuits peuvent se conserver jusqu'à 5 jours dans un contenant hermétique à la température ambiante.

VARIANTE

• Omettez le glaçage. Avant de cuire les biscuits, utilisez un pinceau à pâtisserie et badigeonnez chaque biscuit de dorure à l'œuf, préparée en battant 1 œuf de gros calibre avec 1 c. à soupe de crème épaisse (à fouetter). Saupoudrez environ ¼ c. à café (¼ c. à thé) de sucre granulé sur chaque biscuit et cuire en suivant les indications.

GLAÇAGE
• 75 g (³/₄ tasse) de sucre semoule
• 1 c. à soupe de lait entier, plus 2 c. à café (2 c. à thé) ou plus, au besoin

---

NOTE

Cette pâtisserie feuilletée est si facile à manipuler qu'il n'est même pas nécessaire d'abaisser la pâte – il suffit de la façonner avec les mains.

Assurez-vous de bien laisser refroidir la garniture aux raisins secs avant d'assembler les biscuits, sans quoi elle risque de faire fondre la pâte. Il n'est pas nécessaire de refroidir la pâte avant de former les biscuits, à moins que vous ne cuisiniez lors d'une chaude journée d'été. La pâte sera alors plus facile à manipuler si vous la réfrigérez jusqu'à fermeté.

Biscuits aux pépites de chocolat fourrés au fudge

Donne 12 biscuits fourrés · Préparation 20 min · Cuisson 160 °C (325 °F), sur deux plaques à pâtisserie, environ 17 min chacune

- Placer une grille au centre du four. Préchauffer le four à 160 °C (325 °F). Tapisser deux plaques à pâtisserie de papier sulfurisé et beurrer le papier.

BISCUITS

- Dans un grand bol, à l'aide d'un batteur électrique à basse vitesse, mélanger la farine, la cassonade et le bicarbonate de soude. Ajouter le beurre et continuer de battre jusqu'à ce que les grumeaux de beurre ne soient pas plus gros que des petits pois, environ 2 min. Il restera de la farine non amalgamée dans le fond du bol. De temps en temps, au besoin, arrêter le batteur et racler les parois du bol. Ajouter l'œuf et la vanille et bien mélanger. La pâte aura encore une apparence sèche. Incorporer la crème sure et le lait jusqu'à ce que le mélange soit uniformément humecté. Il se peut que vous aperceviez quelques grumeaux de beurre. Ajouter les pépites de chocolat.
- Déposer des cuillerées à soupe combles (équivalant chacune à 3 c. à soupe rases) de pâte sur les plaques à pâtisserie, en les espaçant d'au moins 6 cm (2 ½ po). Cuire les biscuits, une plaque à la fois, jusqu'à ce que le dessus des biscuits soit tendre mais ferme au toucher, que les bords soient légèrement bruns et croustillants et qu'un cure-dents inséré au centre en ressorte propre, environ 17 min. (Si le cure-dents pénètre une pépite de chocolat, répéter l'opération ailleurs.)
- Laisser tiédir les biscuits sur les plaques à pâtisserie pendant 10 min, puis, à l'aide d'une grande spatule en métal, les transférer sur une grille pour qu'ils refroidissent complètement.

GARNITURE

- Dans une casserole de grosseur moyenne, chauffer la crème et le beurre à feu doux jusqu'à ce que la crème soit chaude et le beurre fondu. Ce mélange de crème chaude devrait former de petites bulles et atteindre une température d'environ 80 °C (175 °F) au thermomètre; éviter de porter à ébullition. Retirer la casserole du feu, ajouter les pépites de chocolat et les laisser ramollir dans le mélange chaud environ 30 sec. Fouetter la garniture à la main jusqu'à ce que la consistance soit onctueuse et que tout le chocolat soit fondu.

INGRÉDIENTS

BISCUITS
- 300 g (2 tasses) de farine tout usage non blanchie
- 400 g (2 tasses) de cassonade ou de sucre roux, bien tassé
- 1 c. à café (1 c. à thé) de bicarbonate de soude
- 120 g (½ tasse) de beurre non salé à température ambiante
- 1 œuf de gros calibre
- 1 c. à café (1 c. à thé) d'extrait de vanille
- 250 ml (1 tasse) de crème sure ou aigre
- 2 c. à soupe de lait entier
- 260 g (1 ½ tasse) de pépites de chocolat mi-sucré

GARNITURE
- 125 ml (½ tasse) de crème épaisse (à fouetter)
- 2 c. à soupe de beurre non salé, défait en morceaux
- 235 g (1 ⅓ tasse) de pépites de chocolat mi-sucré

- Verser la garniture au chocolat dans un bol de grosseur moyenne et laisser reposer à la température ambiante jusqu'à ce qu'elle soit suffisamment épaisse pour bien adhérer aux biscuits, environ 45 min. Vous pouvez aussi réfrigérer le mélange jusqu'à ce qu'il épaississe légèrement, environ 20 min.

- Retourner la moitié des biscuits de façon à ce que le côté lisse soit sur le dessus. En laissant une bordure vide de 3 mm (⅛ po), tartiner de garniture chaque biscuit retourné. Si la garniture n'est pas suffisamment épaisse et ferme, laisser les biscuits reposer jusqu'à ce qu'elle raffermisse. Placer délicatement l'autre moitié des biscuits sur la garniture au chocolat.

- Les biscuits peuvent être emballés individuellement dans de la pellicule plastique et se conserver jusqu'à 3 jours dans un contenant en fer-blanc hermétique à la température ambiante ou au réfrigérateur. Les servir à la température ambiante ou froids.

NOTE

Dans notre famille, ma mère était réputée pour son gâteau à la cassonade et aux pépites de chocolat. Malgré la multitude de fois qu'elle a préparé cette recette durant mon enfance ou qu'elle m'a fait parvenir ce délice au collège, et le nombre tout aussi élevé de fois que j'en ai régalé ma famille, ce gâteau est resté l'un de mes desserts préférés. Récemment, je me suis rendu compte que la pâte épaisse pouvait être transformée en un excellent biscuit mou aux pépites de chocolat. Et ce biscuit n'a pas son pareil pour loger une onctueuse garniture au fudge. Maman en raffolerait.

Biscuits aux pépites de chocolat fourrés au fudge, p. 106

Biscuits-brownies au fudge fourrés à la crème glacée, p. 110

Biscuits-brownies au fudge fourrés à la crème glacée

Donne 7 biscuits fourrés · Préparation 20 min · Cuisson 180 °C (350 °F), sur deux plaques à pâtisserie, environ 13 min chacune

- Placer une grille au centre du four. Préchauffer le four à 180 °C (350 °F). Tapisser deux plaques à pâtisserie de papier sulfurisé.

- Mettre les pépites de chocolat, le beurre et le café dissous dans un bain-marie à feu doux. Remuer le mélange jusqu'à ce que le chocolat soit fondu et que la préparation ait une consistance lisse. Retirer de l'eau et laisser refroidir quelque peu.

- Dans un grand bol, à l'aide d'un batteur électrique à vitesse moyenne, fouetter les œufs, le sucre, le sel et la vanille jusqu'à ce que le mélange épaississe et devienne jaune pâle, environ 2 min. Au besoin, racler les parois du bol. En battant à basse vitesse, ajouter le mélange de chocolat fondu. Ajouter la farine et remuer juste assez pour l'incorporer au reste de la préparation. Mettre de côté pendant 15 min pour laisser la préparation épaissir légèrement.

- À l'aide d'une mesure d'une capacité de 60 ml (¼ tasse) (à utiliser de préférence pour ce type de pâte collante), prélever des portions de pâte que vous disposerez sans les étendre sur les plaques à pâtisserie, en les espaçant de 7,5 cm (3 po). Pour chaque biscuit, utiliser une spatule souple pour extraire toute la pâte de la mesure.

- Cuire les biscuits, une plaque à la fois, jusqu'à ce qu'un cure-dents inséré au centre en ressorte couvert de miettes humides et non de pâte non cuite, environ 13 min. Laisser tiédir les biscuits sur la plaque à pâtisserie pendant 5 min, puis, à l'aide d'une grande spatule en métal, les décoller du papier sulfurisé et les transférer sur une grille pour qu'ils refroidissent complètement.

- Envelopper les biscuits individuellement dans de la pellicule plastique et les congeler pendant au moins 5 h ou jusqu'au lendemain.

- 260 g (1 ½ tasse) de pépites de chocolat mi-sucré
- 120 g (½ tasse) de beurre non salé, défait en morceaux
- 1 c. à café (1 c. à thé) de café instantané, dissous dans 2 c. à café (2 c. à thé) d'eau
- 2 œufs de gros calibre
- 165 g (¾ tasse) de sucre
- ⅛ c. à café (⅛ c. à thé) de sel
- 1 c. à café (1 c. à thé) d'extrait de vanille
- 150 g (1 tasse) de farine tout usage non blanchie
- 2 litres (8 tasses) de crème glacée ramollie pour la rendre facile à étendre

- Retirer les biscuits du congélateur et en retourner la moitié de façon que le côté plat soit sur le dessus. À l'aide d'une mince spatule en métal, tartiner chacun d'eux d'environ 115 g (⅓ tasse) de crème glacée. Lisser les contours et recouvrir d'un autre biscuit, côté plat vers le bas, en le pressant légèrement sur la crème glacée. Envelopper soigneusement chaque biscuit fourré dans de la pellicule plastique et congeler. Continuer à garnir et à congeler les biscuits restants. (Vous n'utiliserez pas toute la crème glacée.)

- Congeler les biscuits fourrés à la crème glacée environ 2 h, ou jusqu'à une semaine, avant de les servir. Pour les conserver plus que 24 h, les placer dans un contenant hermétique propre. Servir congelé.

NOTE

Grâce à leur texture s'apparentant à celle du fudge, ces biscuits ne durcissent jamais, même congelés.

Pour faire des biscuits fourrés à la crème glacée, procéder comme précédemment. Laissez les biscuits refroidir complètement avant de les garnir. Encore mieux, mettez les biscuits au réfrigérateur pendant plusieurs heures une fois qu'ils sont bien refroidis. Laissez ramollir la crème glacée (environ 20 min dans le réfrigérateur) jusqu'à ce qu'elle s'étende bien, mais sans qu'elle soit pour autant fondue – vous ne voudriez surtout pas que les biscuits se détrempent et ramollissent indûment. Enveloppez soigneusement les biscuits et placez-les dans un contenant hermétique adapté au congélateur pour éviter qu'ils n'acquièrent une saveur non désirée ou qu'ils absorbent les odeurs. Laissez le temps aux biscuits fourrés à la crème glacée de bien prendre avant de les servir. Lorsque la température est chaude, cela peut prendre au moins 2 h. Selon la grosseur des biscuits utilisés, prévoyez environ 115 à 170 g (⅓ à ½ tasse) de crème glacée par sandwich.

Croustillants au beurre d'amande fourrés à la ganache au chocolat

Donne 8 biscuits fourrés · Préparation 20 min · Cuisson 180 °C (350 °F),
sur deux plaques à pâtisserie, environ 11 min chacune

- Placer une grille au centre du four. Préchauffer le four à 180 °C (350 °F). Tapisser deux plaques à pâtisserie de papier sulfurisé ou de l'enduit antiadhésif.

BISCUITS

- Dans une casserole de grosseur moyenne, chauffer le beurre, le sucre et le sirop de maïs à feu doux, en remuant souvent, jusqu'à ce que le beurre soit fondu et le sucre dissous. Augmenter la chaleur à moyenne-élevée et porter à ébullition, en remuant constamment. Le mélange sera coulant et sirupeux. Retirer la casserole du feu et incorporer la farine. Ajouter les amandes moulues, la vanille et l'extrait d'amande. Le mélange épaissira.
- Déposer des cuillerées à soupe rases de pâte à 7,5 cm (3 po) d'intervalle sur les plaques à pâtisserie. Au besoin, utiliser un couteau peu aiguisé pour extraire toute la pâte de la cuillère. Vous devriez obtenir 16 biscuits.
- Cuire les biscuits, une plaque à la fois, jusqu'à ce qu'ils soient uniformément brun pâle, environ 11 min. Au bout d'environ 6 min de cuisson, les biscuits se mettront à pétiller allègrement et à s'étaler sur la plaque. Laisser tiédir les biscuits sur la plaque à pâtisserie pendant 10 min, ou jusqu'à ce qu'ils soient suffisamment fermes pour être déplacés, puis, à l'aide d'une grande spatule en métal, les transférer sur une grille pour qu'ils refroidissent complètement (les biscuits devraient se décoller aisément du papier sulfurisé). Les biscuits deviendront croustillants à mesure qu'ils refroidiront.

GANACHE

- Dans une casserole de grosseur moyenne, chauffer la crème et le beurre à feu doux jusqu'à ce que la crème soit chaude et le beurre fondu. Le mélange de crème chaude devrait former de petites bulles et atteindre une température d'environ 80 °C (175 °F) au thermomètre ; ne pas porter à ébullition. Retirer la casserole du feu, ajouter les pépites de chocolat et les laisser ramollir dans le mélange chaud environ 30 sec. Ajouter la vanille et fouetter la ganache à la main jusqu'à ce que la consistance soit onctueuse et que tout le chocolat soit fondu.

BISCUITS
- 4 c. à soupe de beurre non salé
- 75 g (⅓ tasse) de sucre
- 2 c. à soupe de sirop de maïs clair
- 50 g (⅓ tasse) de farine tout usage non blanchie
- 100 g (1 tasse) d'amandes mondées, finement moulues
- 1 c. à café (1 c. à thé) d'extrait de vanille
- ½ c. à café (½ c. à thé) d'extrait d'amande

GANACHE
- 6 c. à soupe de crème épaisse (à fouetter)
- 1 c. à soupe de beurre non salé
- 175 g (1 tasse) de pépites de chocolat mi-sucré
- 1 c. à café (1 c. à thé) d'extrait de vanille

- Verser la ganache dans un bol de grosseur moyenne et placer une pellicule plastique sur la surface. Réfrigérer jusqu'à ce que le mélange soit froid et qu'il commence à peine à raffermir sur le pourtour, environ 30 min. Remuer de temps en temps afin que le mélange refroidisse uniformément.

- Retourner la moitié des biscuits le côté lisse sur le dessus. À l'aide d'un fouet, battre vigoureusement la ganache refroidie jusqu'à ce que le mélange chocolaté devienne un peu moins foncé et épaississe légèrement, environ 30 sec. En laissant un espace vide de 6 mm (¼ po) tout autour, étaler immédiatement la ganache sur les 8 biscuits retournés. Presser doucement les biscuits restants sur la garniture, côté plat vers le bas. Laisser les biscuits reposer jusqu'à ce que la ganache soit complètement ferme, environ 30 min.

- Envelopper chaque biscuit dans de la pellicule plastique. Les biscuits peuvent se conserver jusqu'à 3 jours dans un contenant hermétique à la température ambiante.

NOTE

Ces biscuits sont faits à partir d'une pâte préparée dans un seul récipient et déposée en tas à la cuillère sur une plaque à cuisson. Ils sont d'une rondeur parfaite, et la garniture est le fruit d'une simple combinaison de pépites de chocolat fondues avec un mélange chaud de beurre et de crème.

Les plaques à pâtisserie doivent être tapissées pour que les biscuits se décollent aisément. Vous pouvez employer du papier sulfurisé ou du papier cuisson.

Achevé d'imprimer au Canada
sur les presses de Quebecor World

Achevé d'imprimer au Canada
sur les presses de Quebecor World